日本語
から始める
書き込み式

韓国語BOOK

栗原景 著

成美堂出版

もくじ

PART 1 ハングルの基本

PART 2 日本語から始める韓国語入門

CDのトラックナンバー

CDのトラックナンバー

本書の使い方

この本は、おもに「他の参考書を読んだが難しかった」という人や、「ハングルの読み方は勉強したので、文法の勉強を始めたい」という人のためのテキストです。「韓国語を勉強するのは全くの初めて」という人にも適していますが、ハングルからじっくり勉強したい場合は、姉妹書である『**「あいうえお」から始める書き込み式ハングルBOOK**』を先に勉強すると、より効果的に学習することができます。

韓国語は、日本語と文法がよく似ており、発音がそっくりな単語もたくさんあるなど、日本人にはなじみやすい言葉です。本書では「韓国語は日本語とそっくり」という点に注目して、初めての人でも無理なく韓国語のしくみを勉強できるように工夫してあります。日本語の単語を1つ1つ韓国語に置き換えながら、繰り返しCDを聞き、書き取ることによって、自然に覚えることができます。

PART 1 ハングルの基本

韓国独自の文字である**ハングルのしくみや発音のルール**など、**文字の基本を順序立てて学ぶ**PARTです。本書では、基本的な事柄に絞って説明してありますので、ハングルに苦手意識がある方は『「あいうえお」から始める書き込み式ハングルBOOK』と併せて学習してください。

PART 2 日本語から始める韓国語入門

「**韓国語は日本語とそっくり**」という特徴を最大限に生かして、**韓国語の初級文法を学びます**。日本語の文章の語順はそのままに、単語だけ差し替えるだけで、きちんとした韓国語の文章を作ることができます。単語も日本語とよく似たものを厳選しており、考え込むことなく繰り返し書き取っていくだけで、自然に韓国語の初級文法が身につきます。

PART 3 じっくり基礎を固めよう

このPARTでは、**少しだけレベルアップした基本的な文法を学びます**。韓国を旅行するときに便利な表現もたくさんありますので、しっかりマスターしましょう。

CDの使い方

付属のCDには、「書いてみよう」と「単語CHECK!」の音声が収録されています。CDを聞きながら、同時に書き取るということを繰り返し、**「文字」と「発音」を一緒に身につけましょう**。

PART 1 ハングルの基本

ハングルのしくみ

ハングルは、15世紀に朝鮮王朝第4代国王、世宗大王の命によって制定された文字です。この文字はローマ字に似た構造を持ち、誰でも読み書きができるよう大変合理的にできています。

●母音と子音の組み合わせ

韓国語は、豊かな音を持つ言葉です。たとえば、日本語の母音は、「あ·い·う·え·お」の5種類が基本ですが、韓国語の**母音は21種類**もあります。「か·さ·た」などの子音も、日本語の基本子音9種類に対し、韓国語の**子音は19種類**。また、日本語は「か」行の子音と「う」列の母音で「く」、といったぐあいに「子音+母音」という音の繰り返しですが、韓国語には「子音+母音」のほか、「子音+母音+子音」、さらには「子音+母音+子音+子音」という音があり、フランス語のようにリエゾン(連音化)も頻繁に起こります。

発音が複雑な韓国語ですが、ハングルはその韓国語を実に合理的に書き表すことができます。そんなハングルの特徴をまとめてみましょう。

特徴1 構造がローマ字に似ている

ハングルは構造がローマ字と似ていて、**「子音のパーツ」+「母音のパーツ」の組み合わせ**で書き表します。

子音と母音が横に付くもの

N	A	L	A
ㄴ	ㅏ	ㄹ	ㅏ
나		라	
子音	母音	子音	母音

(ナラ=国)

K	I	S	A
ㄱ	ㅣ	ㅅ	ㅏ
기		사	
子音	母音	子音	母音

(キサ=技師)

子音と母音が縦に付くもの

	D→ㄷ	L→ㄹ
	O→ㅗ	O→ㅗ
子音→ 母音→	도	로

(ドロ=道路)

	D→ㄷ	B→ㅂ
	U→ㅜ	U→ㅜ
子音→ 母音→	두	부

(ドゥブ=豆腐)

※横に付くか縦に付くかは、母音の種類によって決まります。

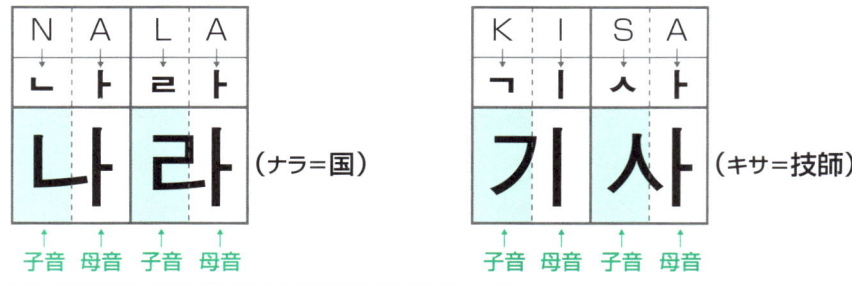

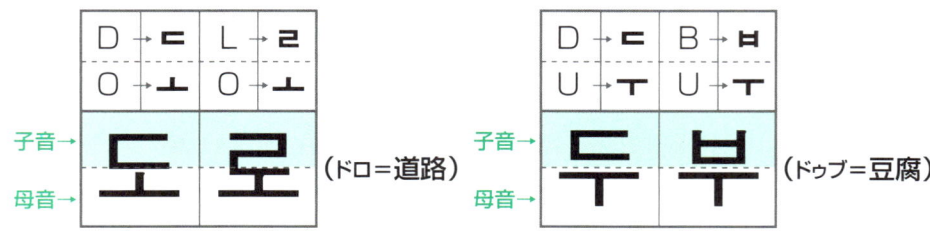

特徴2　組み合わせ方はいろいろ

ハングルは、2つのパーツを組み合わせて（子音＋母音）1つの文字を作るのが基本ですが、他に3つ、あるいは4つのパーツの組み合わせもあります。

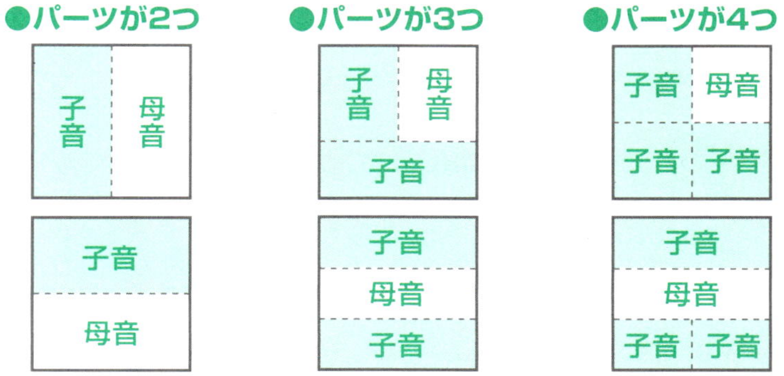

たとえば、日本語の「缶（かん）」という単語。「ん」は「あ·い·う·え·お」のどのグループにも属しません。日本語には珍しい子音（n）だけの音です。韓国語には、このような「**母音が付かない音**」がたくさんあります。

では、この「かん」という音をハングルで書いてみます。

まず、「かん」をローマ字に置き換えると「KAN」。ハングルは、このローマ字1文字に、パーツが1つ対応しているので、この「K」「A」「N」をそれぞれハングルに置き換えます。

これを日本語と同じように組み合わせると、「가（か）ㄴ（ん）」になります。しかし、ハングルは**2つ以上のパーツを組み合わせる**ルールなので、「ㄴ」1つだけでは文字になれません。

母音のない子音は、前の文字の下にくっつくという性質を持っています。

こうして、3つのパーツで「간（カン）」ができあがりました。

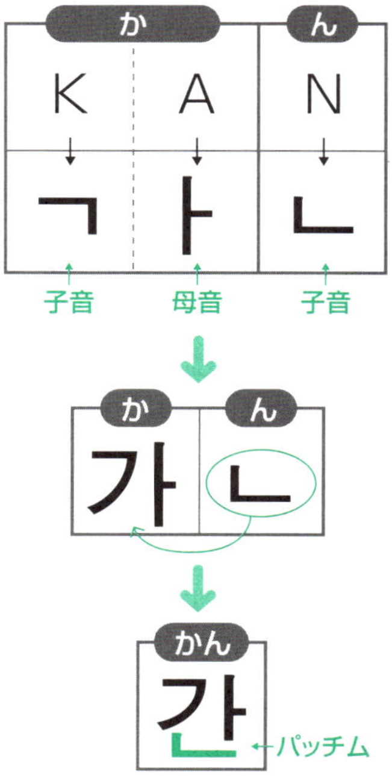

※下に付いた子音を「パッチム」といいます（→p.13）。
※「缶」は本来の韓国語では캔（ケン）といいます。

基本母音を覚えよう

韓国語の母音は21個ありますが、まずは基本的な母音10個を覚えましょう。基本母音の発音は、①口を大きく開けて出す音、②口をタコのようにすぼめて出す音、③口を横に「いーっ」と開けて出す音の3つに分けられます。

①	ㅏ	아	ア	日本語の「あ」とほぼ同じです。
	ㅑ	야	ヤ	日本語の「や」とほぼ同じです。
	ㅓ	어	オ	「あ」の口の形で「お」と言う感じです。
	ㅕ	여	ヨ	「あ」の口の形で「よ」と言う感じです。
②	ㅗ	오	オ	日本語の「お」とほぼ同じです。
	ㅛ	요	ヨ	日本語の「よ」とほぼ同じです。
	ㅜ	우	ウ	日本語の「う」とほぼ同じです。
	ㅠ	유	ユ	日本語の「ゆ」とほぼ同じです。
③	ㅡ	으	ウ	「い」の口の形で「う」と言う感じです。
	ㅣ	이	イ	日本語の「い」とほぼ同じです。

発音しながら書いてみましょう

書いてみよう

CD 2

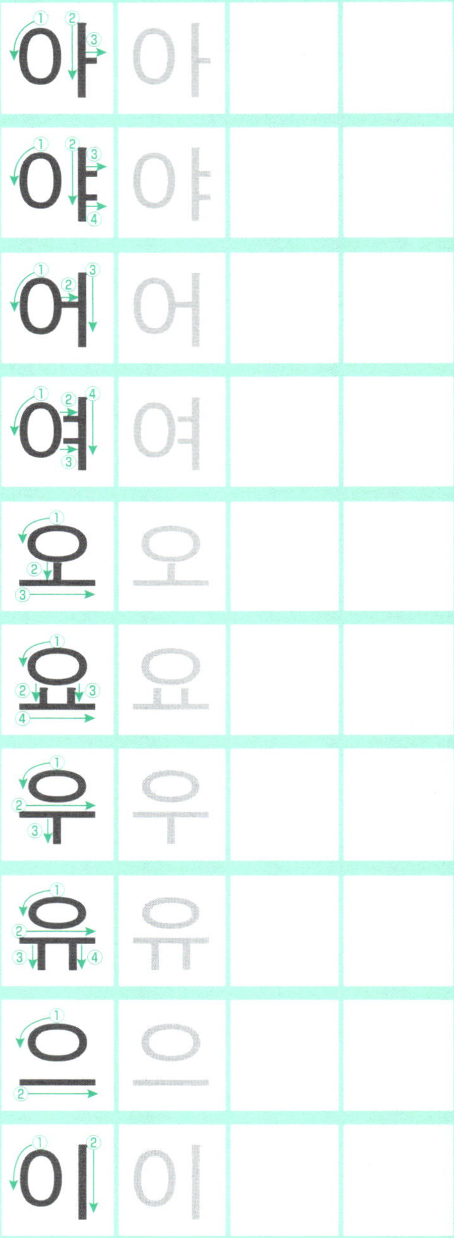

※発音と書き取りの練習のために、「子音はありません」という意味の無声子音「ㅇ」を付けています。

複合母音

次に、2つの母音を組み合わせた「複合母音」を覚えます。無理をせず、少しずつ覚えるようにしましょう。

ㅐ	애	エ	日本語の「え」よりやや口を大きく開けて言います。
ㅒ	얘	イェ	口を大きく開けて「い」と「え」を同時に言う感じです。
ㅔ	에	エ	日本語の「え」とほぼ同じです。
ㅖ	예	イェ	日本語の「い」と「え」を同時に言う感じです。
ㅘ	와	ワ	日本語の「わ」とほぼ同じです。
ㅙ	왜	ウェ	「ㅗ（オ）」と「ㅐ（エ）」を同時に言う感じです。
ㅚ	외	ウェ	「ㅜ（ウ）」と「ㅔ（エ）」を同時に言う感じです。
ㅝ	워	ウォ	「ㅜ（ウ）」と「ㅓ（オ）」を同時に言う感じです。
ㅞ	웨	ウェ	「ㅜ（ウ）」と「ㅔ（エ）」を同時に言う感じです。
ㅟ	위	ウィ	「ㅜ（ウ）」と「ㅣ（イ）」を同時に言う感じです。
ㅢ	의	ウィ	「ㅡ（ウ）」と「ㅣ（イ）」を同時に言う感じです。

発音しながら書いてみましょう

書いてみよう

CD 3

애	애		
얘	얘		
에	에		
예	예		
와	와		
왜	왜		
외	외		
워	워		
웨	웨		
위	위		
의	의		

※似ている発音が多いので、CDをよく聞いて練習しましょう。

基本子音を覚えよう

韓国語の子音は全部で19個ありますが、最も基本となる子音は9個しかありません。残りの10個は、そのバリエーションともいうべき音なので、まずは平音と呼ばれる基本的な子音9個を覚えましょう。

ㄱ	가	カ／ガ	日本語の「か」「が」と同じです。
ㄴ	나	ナ	日本語の「な」と同じです。
ㄷ	다	タ／ダ	日本語の「た」「だ」と同じです。
ㄹ	라	ラ	日本語の「ら」と同じです。（巻き舌にならないように）
ㅁ	마	マ	日本語の「ま」と同じです。
ㅂ	바	パ／バ	日本語の「ぱ」「ば」と同じです。
ㅅ	사	サ	日本語の「さ」と同じです。
ㅇ	아	ア	母音だけを発音します。（無声子音）
ㅈ	자	チャ／ジャ	日本語の「ちゃ」「じゃ」と同じです。

書体によって形が異なり、手書きでは「ス」と書くこともできます。

発音しながら書いてみましょう

書いてみよう

CD 4

가	가		
나	나		
다	다		
라	라		
마	마		
바	바		
사	사		
아	아		
자	자		

読みが2つある文字は、単語の先頭に来る場合は左側（濁点が付かない）、単語の中または最後に来る場合は右側（濁点が付く）のように発音します。

※発音と書き取りの練習のために、「あ」に当たる母音「ㅏ」を子音に付けています。

子音のバリエーション

激音《げきおん》

お腹から強く息を吐き出しながら言う音です。激音は5個あり、そのうち4個は左ページで学んだ平音が変化した文字&発音です。

平音…	ㄱ	ㄷ	ㅂ	ㅈ
	↓	↓	↓	↓
激音…	ㅋ	ㅌ	ㅍ	ㅊ

ㅋ
카 カ
코 コ
「カッ!」「コッ!」とお腹から息を強く吐き出すように発音します。

ㅌ
타 タ
토 ト
「タッ!」「トッ!」とお腹から息を強く吐き出すように発音します。

ㅍ
파 パ
포 ポ
「パッ!」「ポッ!」とお腹から息を強く吐き出すように発音します。

ㅊ
차 チャ
초 チョ
「チャッ!」「チョッ!」とお腹から息を強く吐き出すように発音します。
書体によっては「ㅊ」とも書きます。

ㅎ
하 ハ
호 ホ
「ハッ!」「ホッ!」とお腹から息を強く吐き出すように発音します。

発音しながら書いてみましょう

書いてみよう CD 5

카	카		
코	코		
타	타		
토	토		
파	파		
포	포		
차	차		
초	초		
하	하		
호	호		

※発音と書き取りの練習のために、「あ」に当たる母音「ㅏ」と「お」に当たる母音「ㅗ」を子音に付けています。

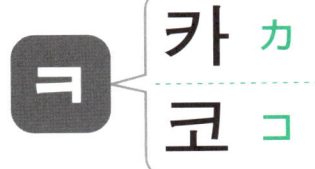

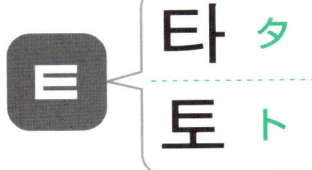

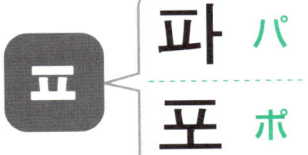

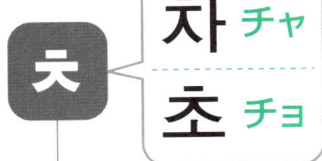

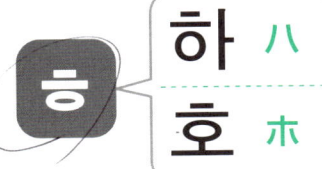

濃音《のうおん》

息を止めて絞り出すように発音する音です。濃音は5個あり、激音と同様、平音が変化したものです。濃音は、平音のパーツを横に2つ並べた形をしています。

平音 …	ㄱ	ㄷ	ㅂ	ㅅ	ㅈ
	↓	↓	↓	↓	↓
濃音 …	ㄲ	ㄸ	ㅃ	ㅆ	ㅉ

発音しながら書いてみましょう

書いてみよう

CD 6

ㄲ

까 ッカ

꼬 ッコ

「ッカ」「ッコ」と、前に小さいツを付けて、息を止めて絞り出すように発音します。

ㄸ

따 ッタ

또 ット

「ッタ」「ット」と、前に小さいツを付けて、息を止めて絞り出すように発音します。

ㅃ

빠 ッパ

뽀 ッポ

「ッパ」「ッポ」と、前に小さいツを付けて、息を止めて絞り出すように発音します。

ㅆ

싸 ッサ

쏘 ッソ

「ッサ」「ッソ」と、前に小さいツを付けて、息を止めて絞り出すように発音します。

ㅉ

짜 ッチャ

쪼 ッチョ

「ッチャ」「ッチョ」と、前に小さいツを付けて、息を止めて絞り出すように発音します。

書体によっては「ㅉ」とも書きます。

까	까		
꼬	꼬		
따	따		
또	또		
빠	빠		
뽀	뽀		
싸	싸		
쏘	쏘		
짜	짜		
쪼	쪼		

※発音と書き取りの練習のために、「あ」に当たる母音「ㅏ」と「お」に当たる母音「ㅗ」を子音に付けています。

パッチム

「子音+母音+子音」という組み合わせの文字の、最後の子音のことをパッチム（終声）といいます。パッチムは文字の下にくっつけて書きます。子音で終わる音をどう発音するのかイメージしづらいと思いますので、具体的に説明しましょう。

子音↓ ↓母音
각
↑子音＝パッチム

●7種類の発音

CD 7

		パッチムになったときの音	
①	각 갂 갃	ㄱ (k)	「閣下」と言うつもりで、最後の「か」を言う直前にやめる感じの、「かっ…」の音になります。
②	간	ㄴ (n)	「堪忍」と言うつもりで、「かん…」でやめる感じの音。舌が上の前歯の裏にくっつきます。
③	같 갓 갖 갗 같 갛 갔	ㄷ (t)	全部「t」の音になります。「買った」と言うつもりで、「かっ…」でやめる感じの音になります。
④	갈	ㄹ (l)	「軽い」と言うつもりで、「る」を言う直前にやめる感じの音。舌は上の歯茎の付け根に付きますが、巻き舌にはなりません。
⑤	감	ㅁ (m)	「甘味《かんみ》」と言うつもりで、「み」を言う直前にやめる感じの音。「ん」に近いですが、口は閉じます。
⑥	갑 갚	ㅂ (p)	「カップ」と言うつもりで、「プ」を言う直前にやめる感じの音。口は閉じます。
⑦	강	ㅇ (ng)	「観光」と言うつもりで、「かん…」でやめる感じの音。口は開きます。

濃音を除き、ほとんどの子音がパッチムとして使われますが、発音は上記の7種類に変化します。とくに、今までは「何もない、ゼロ」の意味として使ってきた子音「ㅇ」が、ここでは「ng」の音として使われるので注意しましょう。

発音のルール

ここまでのページを勉強すれば、韓国の街の看板などに書いてある言葉が、だいたい読めるようになるはず。しかし、ハングルのルールはこれで終わりではありません。ここでは、発音のルールをいくつか紹介します。ただし、「リエゾン」以外は無理に覚える必要はありません。

ルール1 リエゾン（連音化）

韓国語の発音の大きな特徴が、フランス語と同様リエゾン（連音化）があることです。リエゾンとは、パッチムのある単語の次に母音が来ると、**パッチムと次の母音がくっついて1つの音になる**こと。「일본어（日本語）」という単語を例に見てみましょう。

일《イル》 본《ボン》 어《オ》 → 일《イル》 보《ボ》 너《ノ》※

このように、韓国語の**子音と母音はくっつきたがる**性質があり、文章の中でもこのリエゾンは頻繁に起こります。「釜山では」というフレーズの場合も

釜山　では　→　釜山　では

부《プ》 산《サン》에《エ》 서《ソ》 → 부《プ》 사《サ》 네《ネ》※서《ソ》

というように、名詞と助詞がリエゾンします。例えるなら「本（ほん）を買います」を、「ほの買います」と発音するようなもので、日本語にはない性質です。

p.13で、パッチムになった子音は7種類の音になると書きましたが、リエゾンによって母音とくっつくと、その子音のパーツが持つ本来の音が復活します。

味　→　おいしい（味がある）　　光　→　光　は

맛《マッ》 → 맛있다《マシッタ》　　빛《ピッ》 → 빛은《ピチュン》

※ [ ] はリエゾンを説明するための表記で、実際にはこのように書くことはありません。

ルール2 鼻音化

パッチムがある韓国語では、子音の次にまた子音が来るケースがあります。日本人はもちろん、韓国人にとっても言いづらい発音があります。例えば、以下の「博物館」という意味のハングルを読んでみてください。

박《パク?》 물《ムル?》 관《グァン?》

読めましたか? 最初の「パク」と次の「ムル」を続けて読むのがどうもむずかしいですよね。これは実際には「パンムルグァン」と発音されます。このように、**ㄱの次にすぐㅁが来るときなどに、「鼻音化」と呼ばれる現象が起きます。**

パッチム		次の文字の最初の子音		パッチム		次の文字の最初の子音
ㄱ ㅋ ㄲ	+	ㄴ (n) ／ ㅁ (m)	→	ㅇ (ng)	+	ㄴ (n) ／ ㅁ (m)
ㄷ ㅌ ㅈ ㅊ ㅅ ㅆ ㅎ	+	ㄴ (n) ／ ㅁ (m)	→	ㄴ (n)	+	ㄴ (n) ／ ㅁ (m)
ㅂ ㅍ	+	ㄴ (n) ／ ㅁ (m)	→	ㅁ (m)	+	ㄴ (n) ／ ㅁ (m)
ㄱ ㅋ ㄲ	+	ㄹ (l)	→	ㅇ (ng)	+	ㄴ (n)
ㄷ ㅌ ㅈ ㅊ ㅅ ㅆ ㅎ	+	ㄹ (l)	→	ㄴ (n)	+	ㄴ (n)
ㅂ ㅍ	+	ㄹ (l)	→	ㅁ (m)	+	ㄴ (n)
ㅇ	+	ㄹ (l)	→	ㅇ (ng)	+	ㄴ (n)
ㅁ	+	ㄹ (l)	→	ㅁ (m)	+	ㄴ (n)

ルール3 流音化

ㄴパッチムのすぐ次にㄹが来る、またはㄹパッチムのすぐ次にㄴが来ると、ㄴの音がㄹになります。要するに「신라 シンラ(新羅)」が「실라 シルラ」になる、ということ。日本人には、「ら」行の音が2回続くと発音しづらいですが、韓国の人たちは、このほうが発音しやすいそうです。

ルール4 激音化

ㅎの前後にㄱ ㄷ ㅂ ㅈが来ると、ㄱ ㄷ ㅂ ㅈがㅋ ㅌ ㅍ ㅊに変わります。ただ、こうした音の変化は暗記するのが大変で、いちいち意識して発音しても不自然になるので、最初のうちはあまり気にせずに、今の段階ではそういうルールがある、とだけ覚えておけばよいでしょう。

単語で覚えるハングル

書いてみよう

CDを聞きながら単語を書き取り、ハングルを練習しましょう。

基本母音・子音

単語	なぞり書き		練習	
①国 나라《ナラ》	나	라		
②牛乳 우유《ウユ》	우	유		
③焼酎 소주《ソジュ》	소	주		
④靴 구두《クドゥ》	구	두		
⑤バス 버스《ポス》	버	스		
⑥料理 요리《ヨリ》	요	리		
⑦美女 미녀《ミニョ》	미	녀		
⑧海 바다《パダ》	바	다		
⑨（弟から見た）姉 누나《ヌナ》	누	나		
⑩粉 가루《カル》	가	루		

激音・濃音

単語	なぞり書き		練習	
①コーヒー 커피《コピ》	커	피		
②土地 토지《トジ》	토	지		
③波 파도《パド》	파	도		
④カササギ 까치《ッカチ》	까	치		
⑤保護 보호《ポホ》	보	호		
⑥切手 우표《ウピョ》	우	표		
⑦種 씨《ッシ》	씨			
⑧帯 띠《ッティ》	띠			
⑨根 뿌리《ップリ》	뿌	리		
⑩偽物 가짜《カッチャ》	가	짜		

複合母音 CD 10

①店 가게《カゲ》	가	게		
②時計 시계《シゲ》	시	계		
③話題 화제《ファジェ》	화	제		
④椅子 의자《ウィジャ》	의	자		
⑤豚 돼지《トゥェジ》	돼	지		
⑥会話 회화《フェファ》	회	화		
⑦魅力 매력《メリョク》	매	력		

パッチム CD 11

①通信 통신《トンシン》	통	신		
②韓国料理 한식《ハンシク》	한	식		
③はがき 엽서《ヨプソ》	엽	서		
④カルビ 갈비《カルビ》	갈	비		
⑤キムチ 김치《キムチ》	김	치		
⑥無い 없다《オプタ》	없	다		
⑦読む 읽다《イクタ》	읽	다		

韓国語 マメ知識

子音が2つ付く「トゥルパッチム」

パッチムには、2つの子音を書く「トゥルパッチム」もあります。このときは、原則として、左右どちらかの子音のみを発音します。

ㄱㅅ　ㄴㅈ　ㄴㅎ　ㄹㅅ　ㄹㅎ　ㄹㅌ　ㅂㅅ … 左側の子音を読む

ㄹㄱ　ㄹㅁ　ㄹㅂ　ㄹㅍ … 右側の子音を読む

없다《オプタ》（無い）　읽다《イクタ》（読む）

すぐ後ろに이、으といった母音が付く場合は、左右両方の子音を発音し、右側の子音は次の母音とリエゾンします。

없어요.《オプソヨ》（無いです。）　읽어요.《イルゴヨ》（読みます。）

ハングル表

반절표《パンジョルピョ》

			基本母音									
			ㅏ a	ㅑ ja	ㅓ ɔ	ㅕ jɔ	ㅗ o	ㅛ jo	ㅜ u	ㅠ ju	ㅡ ɯ	ㅣ i
平音	ㄱ	k/g	가 カ·ガ	갸 キャ·ギャ	거 コ·ゴ	겨 キョ·ギョ	고 コ·ゴ	교 キョ·ギョ	구 ク·グ	규 キュ·ギュ	그 ク·グ	기 キ·ギ
	ㄴ	n	나 ナ	냐 ニャ	너 ノ	녀 ニョ	노 ノ	뇨 ニョ	누 ヌ	뉴 ニュ	느 ヌ	니 ニ
	ㄷ	t/d	다 タ·ダ	댜 テャ·デャ	더 ト·ド	뎌 テョ·デョ	도 ト·ド	됴 テョ·デョ	두 トゥ·ドゥ	듀 テュ·デュ	드 トゥ·ドゥ	디 ティ·ディ
	ㄹ	l	라 ラ	랴 リャ	러 ロ	려 リョ	로 ロ	료 リョ	루 ル	류 リュ	르 ル	리 リ
	ㅁ	m	마 マ	먀 ミャ	머 モ	며 ミョ	모 モ	묘 ミョ	무 ム	뮤 ミュ	므 ム	미 ミ
	ㅂ	p/b	바 パ·バ	뱌 ピャ·ビャ	버 ポ·ボ	벼 ピョ·ビョ	보 ポ·ボ	뵤 ピョ·ビョ	부 プ·ブ	뷰 ピュ·ビュ	브 プ·ブ	비 ピ·ビ
	ㅅ	s	사 サ	샤 シャ	서 ソ	셔 ショ	소 ソ	쇼 ショ	수 ス	슈 シュ	스 ス	시 シ
	ㅇ	(ŋ)	아 ア	야 ヤ	어 オ	여 ヨ	오 オ	요 ヨ	우 ウ	유 ユ	으 ウ	이 イ
	ㅈ	tʃ	자 チャ·ジャ	쟈 チャ·ジャ	저 チョ·ジョ	져 チョ·ジョ	조 チョ·ジョ	죠 チョ·ジョ	주 チュ·ジュ	쥬 チュ·ジュ	즈 チュ·ジュ	지 チ·ジ
激音	ㅊ	$tʃ^h$	차 チャ	챠 チャ	처 チョ	쳐 チョ	초 チョ	쵸 チョ	추 チュ	츄 チュ	츠 チュ	치 チ
	ㅋ	k^h	카 カ	캬 キャ	커 コ	켜 キョ	코 コ	쿄 キョ	쿠 ク	큐 キュ	크 ク	키 キ
	ㅌ	t^h	타 タ	탸 テャ	터 ト	텨 テョ	토 ト	툐 テョ	투 トゥ	튜 テュ	트 トゥ	티 ティ
	ㅍ	p^h	파 パ	퍄 ピャ	퍼 ポ	펴 ピョ	포 ポ	표 ピョ	푸 プ	퓨 ピュ	프 プ	피 ピ
	ㅎ	h	하 ハ	햐 ヒャ	허 ホ	혀 ヒョ	호 ホ	효 ヒョ	후 フ	휴 ヒュ	흐 フ	히 ヒ
濃音	ㄲ	ʔk	까 ッカ	꺄 ッキャ	꺼 ッコ	껴 ッキョ	꼬 ッコ	꾜 ッキョ	꾸 ック	뀨 ッキュ	끄 ック	끼 ッキ
	ㄸ	ʔt	따 ッタ	땨 ッテャ	떠 ット	뗘 ッテョ	또 ット	뚀 ッテョ	뚜 ットゥ	뜌 ッテュ	뜨 ットゥ	띠 ッティ
	ㅃ	ʔp	빠 ッパ	뺘 ッピャ	뻐 ッポ	뼈 ッピョ	뽀 ッポ	뾰 ッピョ	뿌 ップ	쀼 ッピュ	쁘 ップ	삐 ッピ
	ㅆ	ʔs	싸 ッサ	쌰 ッシャ	써 ッソ	쎠 ッショ	쏘 ッソ	쑈 ッショ	쑤 ッス	쓔 ッシュ	쓰 ッス	씨 ッシ
	ㅉ	ʔtʃ	짜 ッチャ	쨔 ッチャ	쩌 ッチョ	쪄 ッチョ	쪼 ッチョ	쬬 ッチョ	쭈 ッチュ	쮸 ッチュ	쯔 ッチュ	찌 ッチ

※複合母音についてはp.9を参照してください。

PART 2

日本語から始める韓国語入門

STEP 1

韓国語と日本語は文法が同じ

韓国語は、日本語と文法がほとんど同じ。でも、これってどういう意味でしょうか。私たちは、ふだん日本語の文法を考えながら話しているわけではないので、ピンとこないかもしれませんが、「単語を並べる順番が同じ」ということなのです。

学習ポイントと文法チェック

- 単語を並べる語順が同じ
- ～です。＝ ～입니다《イムニダ》.

学習POINT 日本語そのままの語順で置き換えるだけ

以下の文章を見てください。このように、日本語そのままの語順でハングルに置き換えるだけで、正しい韓国語の文章になるのです。

私	は	医者	です。
↓	↓	↓	↓
저《チョ》	는《ヌン》	의사《ウィサ》	입니다《イムニダ》.

次の文章も、1つ1つの単語を置き換えるだけです。「は」と「です」が上の文と同じハングルだということに気がつきましたか？

ここ	は	東京	です。
↓	↓	↓	↓
여기《ヨギ》	는《ヌン》	도쿄《トーキョー》	입니다《イムニダ》.

今度は「ここ」と「東京」を入れ替えてみます。ちょっとニュアンスが変わるだけで文章が成立するのも、日本語と同じです。

東京	は	ここ	です。
↓	↓	↓	↓
도쿄《トーキョー》	는《ヌン》	여기《ヨギ》	입니다《イムニダ》.

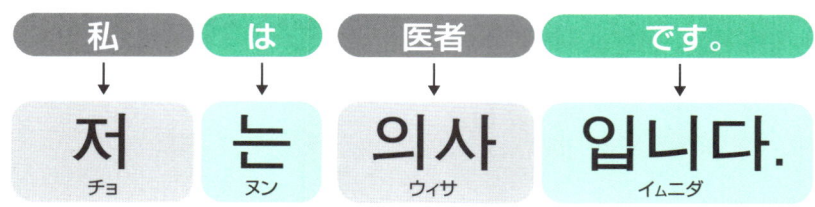

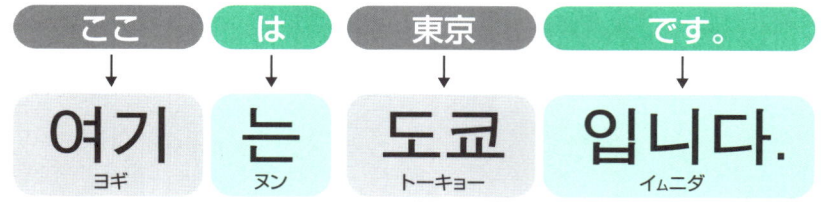

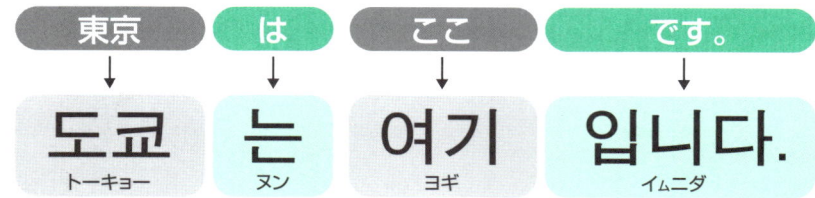

文法CHECK ～です。＝～입니다.《イムニダ》 と覚えよう

ここでは、まず「医者です」など、「～です」という表現を勉強します。といっても、「です」に当たる韓国語は**입니다**(イムニダ)、ただそれだけ。原形は**이다**(イダ)で、「である」という意味です。単純に「～です」＝「～입니다(イムニダ)」と覚えてしまいましょう。

무료《ムリョ》입니다.《イムニダ》　無料です。

자동차《チャドンチャ》입니다.《イムニダ》　自動車です。

식당《シッタン》입니다.《イムニダ》　食堂です。

ちょこっと練習

「～です」というハングルを書いて、文章を完成させましょう。

① ラジオです。 라 디 오 ＿＿ ＿＿ ＿＿.

② 学生です。 학 생 ＿＿ ＿＿ ＿＿.

③ 駅です。 역 ＿＿ ＿＿.

答え:
①라디오《ラディオ》입니다.《イムニダ》
②학생《ハッセン》입니다.《イムニダ》
③역입니다.《ヨギムニダ》

韓国語マメ知識

「分かち書き」を覚えよう

日本語は、「。」「、」などの句読点を使いますが、韓国語でも「.(ピリオド)」や「,(カンマ)」を句読点として使います。また、日本語にはあまりない特徴として、「分かち書き」があります。韓国語の文章を書くときは、「私は」など、**文節ごとにスペースをあけて書く**、というもので、漢字のない韓国語を読みやすくする機能があります。分かち書きには多くのルールがありますが、まずは「てにをは」の後など、文節ごとにスペースをあける、と覚えましょう。

文節　文節
私は　医者です。
저는《チョヌン》 의사입니다.《ウィサイムニダ》
スペースをあける

書いてみよう

まず単語ごとに対応するハングルを、次は文章として書いてみましょう。
最後に、自分の名前をハングルで書きます。

練習1 CDを聞きながら、単語を1つずつ書き取ってみましょう。

CD 12

①

無料	です。
무료《ムリョ》	입니다.《イムニダ》
무료	입니다.

②

地図	です。
지도《チド》	입니다.《イムニダ》
지도	입니다.

③

日本	です。
일본《イルボン》	입니다.《イムニダ》
일본	입니다.

④

食堂	です。
식당《シクタン》	입니다.《イムニダ》
식당	입니다.

練習2 CDを聞きながら、文章として書き取ってみましょう。

CD 13

① 医者です。

의사입니다.《ウィサイムニダ》

② 東京です。

도쿄입니다.《トーキョーイムニダ》

③ 飛行機です。

비행기입니다.《ピヘンギイムニダ》

④ 韓国です。

한국입니다.《ハングギムニダ》

練習3 下のハングル五十音表を見ながら、自分の名前を名乗ってみましょう。

① まず自分の名前をひらがなで書き、その下に対応するハングルを書きましょう。

ひらがな									です。
	↓	↓	↓	↓	↓	↓	↓	↓	
ハングル									입니다.《イムニダ》

② 今度は自分の名前に「です。」をつけて書いてみましょう。

ハングル五十音表

※「ん」はㄴで、前の文字とくっついて（パッチム）1つの文字になります。

子音→ ↓母音	子音なし（ㅇ）	か／が（ㄱ）	さ（ㅅ）	ざ（ㅈ）	た／だ（ㄷ）	な（ㄴ）	は（ㅎ）	ぱ／ば（ㅂ）	ま（ㅁ）	や	ら（ㄹ）	わ
あ（ㅏ）	あ 아	か／が 가	さ 사	ざ 자	た／だ 다	な 나	は 하	ぱ／ば 바	ま 마	や 야	ら 라	わ 와
い（ㅣ）	い 이	き／ぎ 기	し 시	じ 지	ち／ぢ 디	に 니	ひ 히	ぴ／び 비	み 미		り 리	
う（ㅜ）	う 우	く／ぐ 구	す 수	ず 주	つ／づ 두	ぬ 누	ふ 후	ぷ／ぶ 부	む 무	ゆ 유	る 루	
え（ㅔ）	え 에	け／げ 게	せ 세	ぜ 제	て／で 데	ね 네	へ 헤	ぺ／べ 베	め 메		れ 레	
お（ㅗ）	お 오	こ／ご 고	そ 소	ぞ 조	と／ど 도	の 노	ほ 호	ぽ／ぼ 보	も 모	よ 요	ろ 로	を 오

この表は、日本語の五十音にもっとも近いハングルをあてはめたもので、実際の発音とは若干異なります。

単語CHECK!

CD 14

- □ 私 저《チョ》/나《ナ》*
- □ 医者 의사《ウィサ》
- □ ここ 여기《ヨギ》 （→p.56）
- □ 東京 도쿄《トーキョー》**
- □ 無料 무료《ムリョ》
- □ 自動車 자동차《チャドンチャ》
- □ 食堂 식당《シクタン》
- □ ラジオ 라디오《ラディオ》
- □ 学生 학생《ハクセン》
- □ 駅 역《ヨク》
- □ 地図 지도《チド》
- □ 日本 일본《イルボン》
- □ 飛行機 비행기《ピヘンギ》
- □ 韓国 한국《ハングク》

* 「私」を表す単語は、丁寧な「저（チョ）」と気軽な「나（ナ）」の2つがあります。
** 「東京」には동경（トンギョン）という言い方もあります。

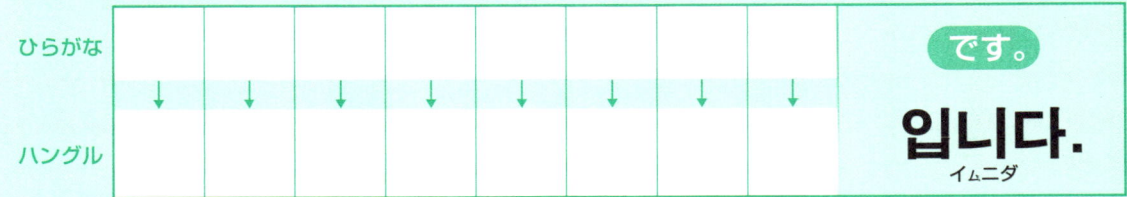

あいさつを覚えよう

CD 15

言葉のすべての基本はあいさつにあります。
ごく簡単なあいさつと、返事の言葉を勉強しましょう。
あまり難しく考えず、ここにある言葉は
そのまま丸暗記してしまうとよいでしょう。

●空欄部分に書き込みながら覚えていきましょう。

こんにちは

안녕하세요《アンニョンハセヨ》

●朝も昼も夜も同じでOK

韓国語では、「おはようございます」「こんばんは」などと、時間によってあいさつを使い分けることはなく、すべて**안녕하세요**です。**안녕**は漢字で書くと「安寧（安らかに元気である）」で、直訳すると「お元気ですか？」という意味になります。

安寧		してますか		
안녕《アンニョン》		하세요《ハセヨ》		
안	녕	하	세	요

「はい」と「いいえ」

네《ネー》/예《イェー》　아뇨《アニョ》

●肯定と否定の返事

「YES」に当たる返事は**네**です。丁寧に言うと**예**となります。逆に「No」は**아뇨**。もとは**아니오**（アニオ）でしたが、これを縮めた形の**아뇨**のほうが一般的です。

はい	
네《ネー》	예《イェー》
네	예

いいえ	
아뇨《アニョ》	
아	뇨

ありがとうございます

감사합니다《カムサハムニダ》

●お礼の言葉

감사は漢字で書くと「感謝」、**합니다**は「～します」で、丁寧にお礼を言うニュアンスになります。

感謝		します		
감사《カムサ》		합니다《ハムニダ》		
감	사	합	니	다

すみません

미안합니다《ミアナムニダ》

●謝罪の言葉

미안(ミアン)は漢字で書くと「未安」。心が安らかでなく、申し訳なく思う状態を表します。

未安		します		
미안《ミアン》	ナ	합니다《ハムニダ》		
미	안	합	니	다

さようなら

안녕히《アンニョンヒ》 가세요《カセヨ》

안녕히《アンニョンヒ》 계세요《ケセヨ》

●別れの言葉

韓国には、別れのあいさつが2つあり、帰る人に対して言うのか、残る人に対して言うのかによって使い分けます。2つの違いはひと文字だけですが、どちらも相手を気遣う表現です。

帰る人に対して

安寧に			行ってください		
안녕히《アンニョンヒ》			가세요《カセヨ》		
안	녕	히	가	세	요

残る人に対して

安寧に			いらっしゃってください		
안녕히《アンニョンヒ》			계세요《ケセヨ》		
안	녕	히	계	세	요

単語マスター 1

日本語そっくりの単語がいっぱい

実は韓国語は、半分以上の単語が、漢字を使った「漢字語」です。韓国の漢字は、原則として1つの文字に読みは1つしかないので、ある漢字の読み方を覚えれば、同じ漢字を使う単語はほぼ読めるようになります。近代に日本から輸入された言葉もあり、発音が日本語とほとんど同じ言葉もたくさんあります。

●運動

운《ウン》동《ドン》

●約束

약《ヤク》속《ソク》

●住民

주《ジュ》민《ミン》

●記録

기《キ》록《ロク》

●都市

도《ト》시《シ》

●家族

가《カ》족《ジョク》

●道路

도《ト》로《ロ》

●図書

도《ト》서《ソ》

●家具

가《カ》구《グ》

●価値

가《カ》치《チ》

●気分

기《キ》분《ブン》

●調査

조《チョ》사《サ》

※「記録」や「家族」は、最後の「ク」の音がパッチム（→p.13）です。これらははっきりと発音せずに、「きろ…」「かじょ…」と、「く」と言いかけてやめる感じの発音になります。CDをよく聞いて練習しましょう。

書いてみよう

CDを聞きながら以下の文字を書いてみましょう。日本語と発音が似ていますが、全く同じではないので、CDで確認してください。

CD 16

①運動
운동《ウン ドン》 운 동

②住民
주민《ジュ ミン》 주 민

③都市
도시《ト シ》 도 시

④道路
도로《ト ロ》 도 로

⑤家具
가구《カ グ》 가 구

⑥気分
기분《キ ブン》 기 분

⑦約束
약속《ヤク ソク》 약 속

⑧記録
기록《キ ロク》 기 록

⑨家族
가족《カ ジョク》 가 족

⑩図書
도서《ト ソ》 도 서

⑪価値
가치《カ チ》 가 치

⑫調査
조사《チョ サ》 조 사

韓国語マメ知識

漢字を使わない韓国語は、読みづらい？

現在、韓国では漢字をほとんど使わず、ハングルだけで文章を書きます。日本に例えるなら、ひらがなだけで文章を書くようなもの。私たちから見ると、とても読みづらそうです。ひと目で意味がわかる便利な漢字を、韓国の人たちはどうして使わないんだろう？と思っていたら、ある日韓国の友人に質問されました。「日本語も、ハングルと同じようにひらがなで全部書けるのに、どうしてわざわざ複雑な漢字を使うの？」韓国の人から見れば、漢字とひらがなを使い分ける日本人のほうが不思議に見えるようです。

STEP 2

漢字がわかればハングルがわかる

韓国語の漢字は、原則として1つの文字に読み方は1つ。言い換えれば、読み方を1つ覚えれば、その漢字を使ったハングルの単語は全部読める、ということになります。

学習ポイント

- **韓国語の漢字は、原則として1つの文字に読み1つ**

学習POINT 漢字が同じなら読みも同じ。つまりハングルも同じ

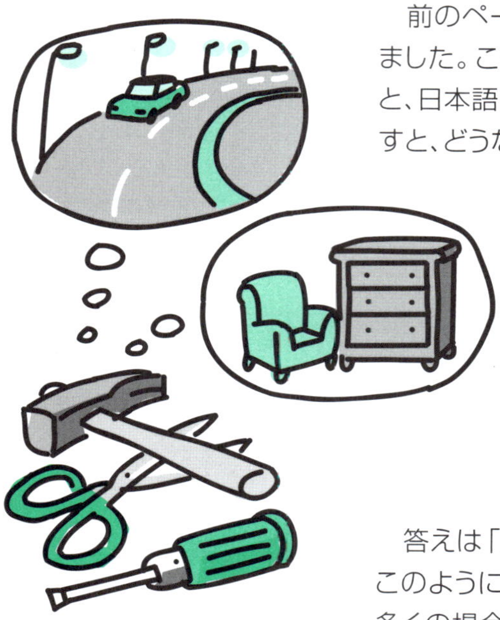

前のページで、「道路　도로(トロ)」「家具　가구(カグ)」という単語が出てきました。この2つの単語から、最初の漢字を1つずつ取り出して組み合わせると、日本語で「道具」という単語ができますね。ではこの「道具」を韓国語で表すと、どうなるでしょうか？

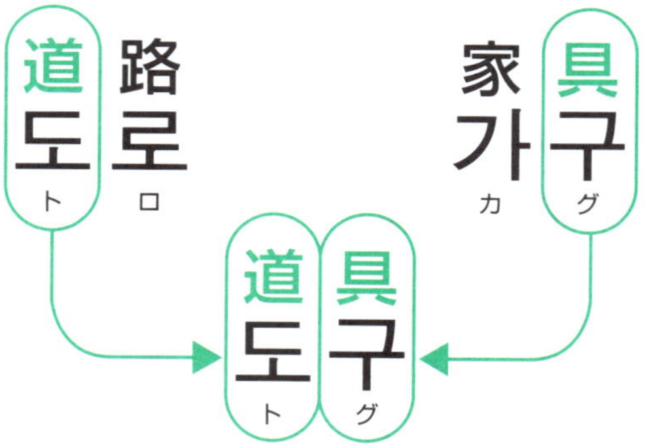

答えは「도구(トグ)」でした。同じ漢字には同じハングルが使われています。このように、漢字の読み方とハングルを覚えておけば、初めて見る単語でも、多くの場合、漢字を連想して読むことができます。

ちょこっと練習

韓国語で「会社」のことは회사(フェサ)。では「社会」は韓国語でなんというでしょうか？ 空欄に書いてみましょう。

会	社	→	社	会
회	사			

答え: 사회《サフェ》

書いてみよう

CDを聞きながら漢字のハングルを書いてみましょう。発音が日本語の音読みと似ているものもあれば、全く異なるものもあります。 CD 17

①日本語の音読みと発音がほぼ同じ文字

山《さん》→산《サン》	산	
運《うん》→운《ウン》	운	
新《しん》→신《シン》	신	
木《もく》→목《モㇰ》	목	
有《ゆう》→유《ユ》	유	
無《む》→무《ム》	무	

②発音が似ている文字

高《こう》→고《コ》	고	
動《どう》→동《トン》	동	
人《にん》→인《イン》	인	
名《みょう》→명《ミョン》	명	
時《じ》→시《シ》	시	
社《しゃ》→사《サ》	사	

③発音が異なる文字

物《ぶつ》→물《ムル》	물	
低《てい》→저《チョ》	저	
海《かい》→해《ヘ》	해	
日《ひ》→일《イル》	일	
月《げつ》→월《ウォル》	월	
川《せん》→천《チョン》	천	

●上記の漢字を覚えると、たとえばこんな単語を読むことができます。

무《ム》인《イン》 =無人
↓
무《ム》명《ミョン》 =無名 → 명《ミョン》물《ムル》 =名物
↑
동《トン》물《ムル》 =動物 → 운《ウン》동《ドン》 =運動
↘
사《サ》운《ウン》 =社運

パズルで韓国語

漢字の読み方を覚えて、単語力アップ

韓国語の漢字はほとんどの場合、1つの文字に読み方は1つ。ですから読み方を覚えれば、飛躍的に単語力がアップするのです。ここでは、漢字をハングルに書き換えて、パズル感覚で漢字語に慣れてしまいましょう。

Q1

右ページ下の「漢字⇔ハングル対照リスト」を参照して、以下の漢字に対応するハングルを探し、空欄に記入しましょう。

①
会 =
社 =

②
社 =
会 =

③
新 =
品 =

④
品 =
質 =

⑤
新 =
人 =

⑥
人 =
間 =

答え：
①회사《フェサ》
②사회《サフェ》
③신품《シンプム》
④품질《プムジル》
⑤신인《シニン》
⑥인간《インガン》

Q2

今度は逆に、以下のハングルに対応する漢字を日本語で書いてみましょう。どんな単語ができるでしょうか。

① 간《カン》식《シク》 =

② 인《イン》생《セン》 =

③ 인《イン》명《ミョン》 =

④ 전《チョン》직《ジク》 =

⑤ 사실《サシル》 =

⑥ 회《フェ》식《シク》 =

答え：
①間食
②人生
③人命
④転職
⑤事実
⑥会食

Q3

まず、左側の漢字の表をハングルに置き換えて、右の表を完成させましょう。次に、表の中に隠れている2文字の単語を抜き出し、下の欄にハングルで書いてみましょう。

料	無	人	生
有	事	間	命
益	食	動	運
利	堂	物	転

→

료	무		

①無料＝

②有料＝

③無事＝

④食事＝

⑤利益＝

⑥食堂＝

⑦人生＝

⑧人間＝

⑨生命＝

⑩運動＝

⑪動物＝

⑫運転＝

⑬運命＝

答え：

료	무	인	생
유	사	간	명
익	식	동	운
이	당	물	전

①무료《ムリョ》 ⑥식당《シッタン》 ⑪동물《トンムル》
②유료《ユリョ》 ⑦인생《インセン》 ⑫운전《ウンジョン》
③무사《ムサ》 ⑧인간《インガン》 ⑬운명《ウンミョン》
④식사《シッサ》 ⑨생명《センミョン》
⑤이익《イイク》 ⑩운동《ウンドン》

●漢字⇔ハングル対照リスト

間 ＝ 간（カン）	物 ＝ 물（ムル）	利 ＝ 이（イ）**	品 ＝ 품（プム）
堂 ＝ 당（タン）	社 ＝ 사（サ）	益 ＝ 익（イク）	会 ＝ 회（フェ）
動 ＝ 동（ドン）	生 ＝ 생（セン）	人 ＝ 인（イン）	事 ＝ 사（サ）
料 ＝ 료（リョ）*	新 ＝ 신（シン）	転 ＝ 전（チョン）	食 ＝ 식（シク）
命 ＝ 명（ミョン）	運 ＝ 운（ウン）	職 ＝ 직（チク）	実 ＝ 실（シル）
無 ＝ 무（ム）	有 ＝ 유（ユ）	質 ＝ 질（チル）	

* 「料」は요（ヨ）と発音する場合もあります。 ** 「利」は리（リ）と発音する場合もあります。

単語マスター 2

人の呼び方

このPARTの最初で、「私は～です」という文章を勉強しました。ここでは、「私」や「彼」といった、人に関する単語を練習してみましょう。発音が日本語と異なる単語が多いので覚えづらいかもしれませんが、何度も書く練習をするうちに、頭より手が先に単語を覚えていくので大丈夫です。

●私

저《チョ》

●子供

아《ア》이《イ》

●あなた

당《タン》신《シン》

●大人

어《オ》른《ルン》

●彼

그《ク》

●友だち

친《チン》구《グ》

●彼女

그《ク》녀《ニョ》

●学生

학《ハク》생《セン》

●男

남《ナム》자《ジャ》

●夫

남《ナム》편《ピョン》

●女

여《ヨ》자《ジャ》

●妻

아《ア》내《ネ》

※韓国語では、話し相手のことを「あなた」と呼ぶと、ちょっと突き放した印象があるので、普通は名前で呼びます。また「学生」という言葉は、年配の人が若い人を呼ぶときによく使われます。

書いてみよう

CDを聞きながら以下の文字を書いてみましょう。日本語と発音が異なり覚えにくいかもしれませんが、少しずつ覚えていきましょう。

CD 18

①私
저《チョ》　저

②あなた
당《タン》신《シン》　당 신

③彼
그《ク》　그

④彼女
그《ク》녀《ニョ》　그 녀

⑤男
남《ナム》자《ジャ》　남 자

⑥女
여《ヨ》자《ジャ》　여 자

⑦子供
아《ア》이《イ》　아 이

⑧大人
어《オ》른《ルン》　어 른

⑨友だち
친《チン》구《グ》　친 구

⑩学生
학《ハク》생《セン》　학 생

⑪夫
남《ナム》편《ピョン》　남 편

⑫妻
아《ア》내《ネ》　아 내

韓国語マメ知識

人の名前を呼ぶとき

日本語では、人の名前を呼ぶときは「さん」を付けるのが普通です。あるいは、親しい人なら「くん」を付けることもあるでしょう。韓国語では、通常名前の後ろに**씨**(シ)、つまり「氏」を付けて、「～シ」という呼び方をします。このとき、「キムシ（金さん）」のように、名字だけで呼ぶと失礼な感じになるので、「キムヨンジュンシ」などとフルネームで呼ぶのがエチケットです。親しくなったら「ヨンジュンシ」と名前に「シ」を付けて呼びます。

STEP 3

動詞の基本は「～ハムニダ」

STEP1では「…は～です」という文章から、韓国語と日本語の文法がそっくりであることを勉強しました。ここでは動詞の基本、「～します」という表現を勉強しますが、これも単語の語順は日本語そっくりです。

学習ポイントと文法チェック

- 単語を並べる語順が同じ
- ～します。＝ ～합니다《ハムニダ》.

学習POINT そのままの語順で「ハムニダ」に置き換えるだけ

以下の「運動します」という文を見てください。운동(ウンドン)は発音が日本語に似ていますね。「します」は합니다(ハムニダ)に置き換わります。単語の順番はやはり全く同じです。

運動	します。
↓	↓
운동《ウンドン》	합니다《ハムニダ》.

次も簡単。「約束」と「します」それぞれの単語を、そのまま韓国語の単語に置き換えるだけです。

約束	します。
↓	↓
약속《ヤクソク》	합니다《ハムニダ》.

今度はカタカナ語を使ってみます。このように、日本語で「～します」と言える言葉なら、ほとんどすべて～합니다(ハムニダ)と言うことができます。

インターネット	します。
↓	↓
인터넷《イントーネッ》	합니다《ハムニダ》.

ッタ

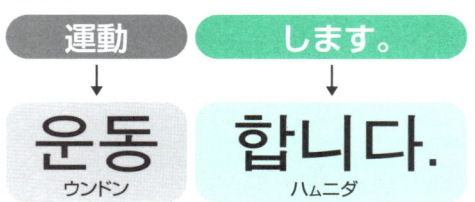

文法CHECK 〜します＝〜합니다《ハムニダ》と覚えよう

「〜します」という文章は、そのまま「**합니다**(ハムニダ)」に置き換えるだけ。日本語で「〜します」と言える言葉はほとんど〜**합니다**で表せるのです。この**합니다**は、「静かです」＝「**조용합니다**(チョヨンハムニダ)」のように形容詞にも使われますが、ここでは「〜します」＝「〜합니다」と覚えておきましょう。

공부《コンブ》합니다《ハムニダ》.　勉強します。

고백《コベㇰ》합니다《ハムニダ》.　告白します。

준비《チュンビ》합니다《ハムニダ》.　準備します。

ちょこっと練習

「〜します」というハングルを書いて、文章を完成させましょう。

① 調査します。　조 사 ＿ ＿ ＿ .

② 案内します。　안 내 ＿ ＿ ＿ .

③ 注文します。　주 문 ＿ ＿ ＿ .

答え：
①조사《チョサ》합니다《ハムニダ》.
②안내《アンネ》합니다《ハムニダ》.
③주문《チュムン》합니다《ハムニダ》.

韓国語マメ知識

「ムニダ」は丁寧な雰囲気を作る言葉

「〜です」の**입니다**と、「〜します」の**합니다**。最初の音が違うだけで、その後の**ㅂ니다**(ムニダ)は全く同じです。実はこの部分には、日本語の「ですます形」に当たる丁寧な雰囲気が詰まっているのです。

〜である		ます(丁寧な語尾)		〜です
〜이다《イダ》	＋	ㅂ니다《ムニダ》	＝	〜입니다《イムニダ》

〜する		ます(丁寧な語尾)		〜します
〜하다《ハダ》	＋	ㅂ니다《ムニダ》	＝	〜합니다《ハムニダ》

書いてみよう

まず単語ごとに対応するハングルを、次は文章として書いてみましょう。
最後に、イラストと発音を見て単語を選びます。

練習1 CDを聞きながら、単語を1つずつ書き取ってみましょう。 CD 19

①

運動	します。
운동《ウンドン》	합니다.《ハムニダ》
운동	합니다.

②

約束	します。
약속《ヤㇰソㇰ》	합니다.《ハムニダ》
약속	합니다.

③

インターネット	します。
인터넷《イントーネッ》 ツタ	합니다.《ハムニダ》
인터넷	합니다.

④

勉強	します。
공부《コンブ》	합니다.《ハムニダ》
공부	합니다.

練習2 CDを聞きながら、文章として書き取ってみましょう。 CD 20

① 告白します。

고백합니다.《コベㇰハムニダ》

② 準備します。

준비합니다.《チュンビハムニダ》

③ 努力します。

노력합니다.《ノリョㇰハムニダ》

④ 調査します。

조사합니다.《チョサハムニダ》

練習3 下の語群から、イラストと発音を見て空欄に入る単語を選び、文章を完成させましょう。答えの音声はCDで確認してください。 CD 21

① 握手します。

空欄に文字を記入→ ＿＿ 합니다.

文章を完成→ ＿＿＿＿

② 記憶します。

＿＿ 합니다.

＿＿＿＿

③ 契約します。

＿＿ 합니다.

＿＿＿＿

④ 感動します。

＿＿ 합니다.

＿＿＿＿

答え:
①악수《アクス》합니다《ハムニダ》.
②기억《キオク》합니다《ハムニダ》.
③계약《ケーヤク》합니다《ハムニダ》.
④감동《カムドン》합니다《ハムニダ》.

単語CHECK! CD 22

□ インターネット	인터넷《イントーネッ》	□ 調査	조사《チョサ》	□ 握手	악수《アクス》
□ 勉強	공부《コンブ》	□ 案内	안내《アンネ》	□ 記憶	기억《キオク》
□ 告白	고백《コベク》	□ 注文	주문《チュムン》	□ 契約	계약《ケーヤク》
□ 準備	준비《チュンビ》	□ 努力	노력《ノリョク》	□ 感動	감동《カムドン》

単語マスター 3

外来語・カタカナ語

韓国語には、カタカナに当たる文字はありませんが、英語などから来た外来語は日本と同じようにたくさんあります。日本では、日本語で発音しやすいようにアレンジしますが、韓国の外来語は原音の雰囲気をなるべく残すのが特徴です。

●コーヒー

커《コ》피《ピ》

●コンピュータ

컴《コム》퓨《ピュー》터《ト》

●コピー

카《カ》피《ピ》

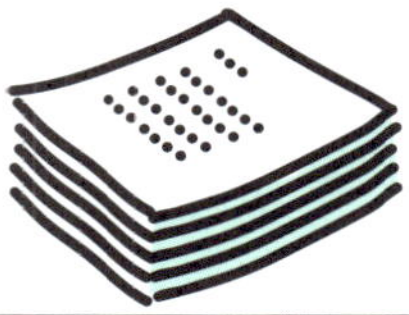

●ハンバーガー

햄《ヘム》버《ボ》거《ゴ》

●ホテル

호《ホ》텔《テル》

●アイディア

아《ア》이《イ》디《ディ》어《オ》

●タクシー

택《テク》시《シ》

●ダイエット

다《ダ》이《イ》어《オ》트《トゥ》

●ツアー

투《トゥ》어《オ》

●ドラマ

드《ドゥ》라《ラ》마《マ》

●デジタル

디《ディ》지《ジ》털《トル》

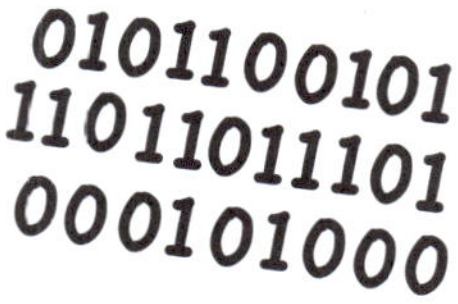

●テレビ

텔《テル》레《レ》비《ビ》전《ジョン》

※日本では、普通テレビジョンのことを「テレビ」と略しますが、韓国語でも**텔레비**(テルレビ)と言うことができます。その他、**티비**(ティーヴィー)＝TV と言うこともできます。

書いてみよう

CDを聞きながら以下の文字を書いてみましょう。元の英語に近い発音をすることがわかると思います。

CD 23

①コーヒー

커《コ》피《ピ》 커 피

②コピー

카《カ》피《ピ》 카 피

③ホテル

호《ホ》텔《テル》 호 텔

④タクシー

택《テク》시《シ》 택 시

⑤ツアー

투《トゥ》어《オ》 투 어

⑥デジタル

디《ディ》지《ジ》털《トル》 디 지 털

⑦コンピュータ

컴《コム》퓨《ピュー》터《ト》 컴 퓨 터

⑧ハンバーガー

햄《ヘム》버《ボ》거《ゴ》 햄 버 거

⑨アイディア

아《ア》이《イ》디《ディ》어《オ》 아 이 디 어

⑩ダイエット

다《ダ》이《イ》어《オ》트《トゥ》 다 이 어 트

⑪ドラマ

드《ドゥ》라《ラ》마《マ》 드 라 마

⑫テレビ

텔《テル》레《レ》비《ビ》전《ジョン》 텔 레 비 전

韓国語マメ知識

ファストフード店の名前は？

韓国には、日本でもおなじみのファストフードチェーンがたくさんあります。ですが、その読み方はやっぱり韓国流。いちばん有名な「マクドナルド」は「メクドナルドゥ」ですし、日本から撤退した「バーガーキング」は「ボゴキン」。「ケンタッキーフライドチキン」は「ケイエプシー」で、「フレッシュネスバーガー」は「プレシニスボゴ」となります。ケンタッキーとフレッシュネスは、「F」の音が「P」に変わっていますが、これは「コーヒー」が「コピ」になるのと同様、韓国の外来語特有の現象です。

STEP 4

「てにをは」（助詞）もそっくり

日本語と韓国語が似ている理由の1つが、「てにをは」があることです。とくに「～が」にあたる韓国語の基本形は、まさに가（ガ）。漢字語を使った文章なら、日本語の方言のように聞こえてきます。

学習ポイントと文法チェック

- **助詞の使い方は日本語同様**
- **～は＝～는《ヌン》/은《ウン》　～が＝～가《ガ》/이《イ》**
  ～を＝～를《ルル》/을《ウル》　～の＝～의《エ》

学習POINT 日本語と同じように使える助詞

韓国語の助詞の使い方は日本語と同じなので、以下の文章のように助詞を韓国語に置き換えるだけです。

私	は	男	です。
↓	↓	↓	↓
저《チョ》	는《ヌン》	남자《ナムジャ》	입니다.《イムニダ》

彼	が	社長	です。
↓	↓	↓	↓
그《ク》	가《ガ》	사장《サジャン》	입니다.《イムニダ》

英語	を	勉強	します。
↓	↓	↓	↓
영어《ヨンオ》	를《ルル》	공부《コンブ》	합니다.《ハムニダ》

東京	の	名物	です。
↓	↓	↓	↓
도쿄《トーキョー》	의《エ》	명물《ミョンムル》	입니다.《イムニダ》

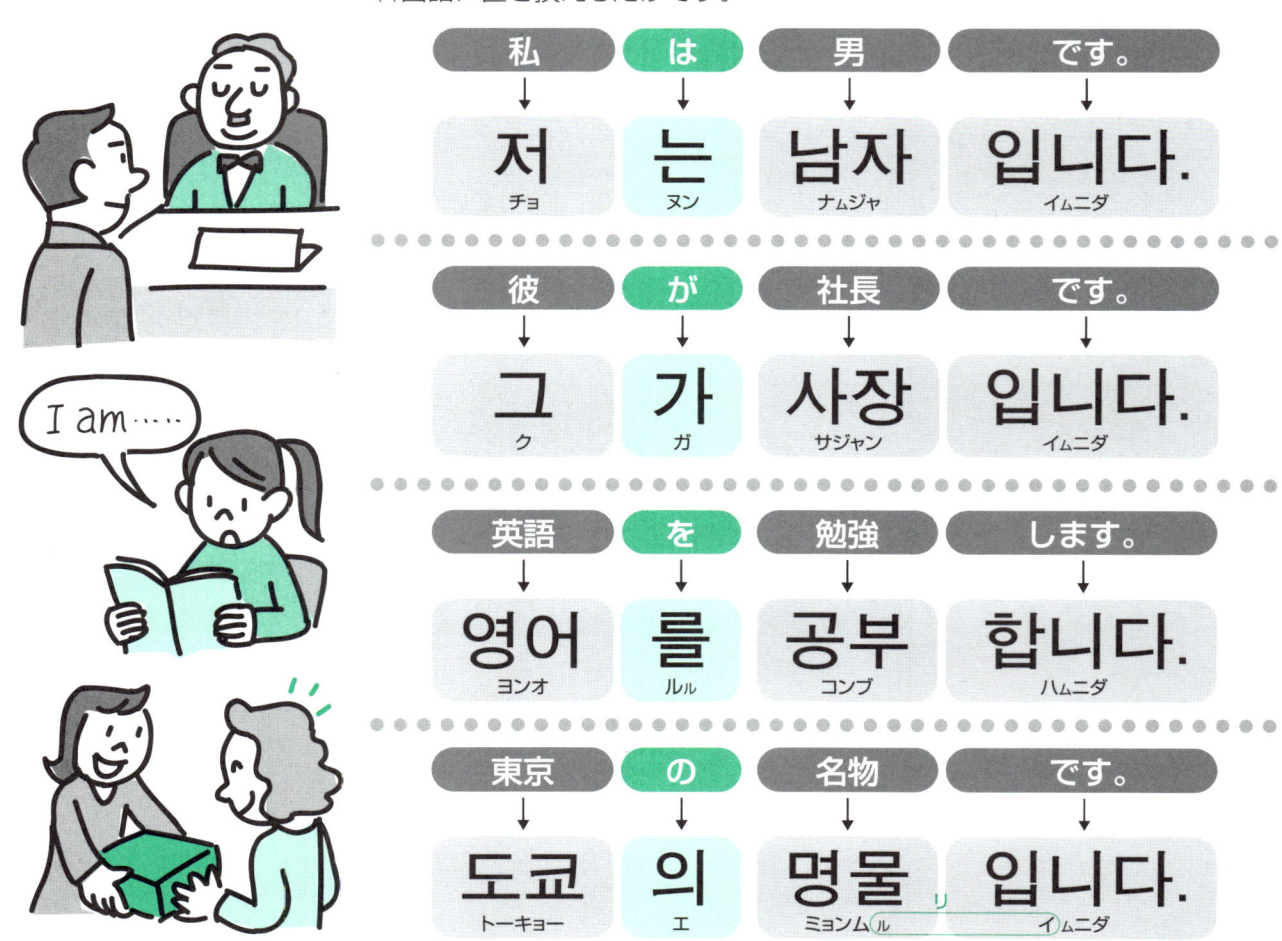

文法CHECK むずかしく考えずに、そのまま覚えよう

～は＝～는《ヌン》/은《ウン》

는/은は、日本語の「～は」とほぼ同じ意味の助詞です。注意すべき点は形が2種類あることで、母音で終わる単語に付くときは는を、子音（パッチム）で終わる単語に付くときは은を使います。

地図は 지도《チド》는《ヌン》 直前が**母音**で終わっている場合

日本は 일본《イルボ》은《ヌン》 直前が**子音**（パッチム）で終わっている場合

ちょっと練習 以下の単語が母音で終わっているか、子音で終わっているかを見て、「～は」に当たる助詞を書きましょう。

① 子供は 아 이 □

② 夫は 남 편 □

答え：
①아이《アイ》는《ヌン》（直前が母音）
②남편《ナムピョ》은《ヌン》（直前が子音）

～が＝～가《ガ》/이《イ》

가/이は、日本語の「～が」に当たる助詞です。これも、日本語の「～が」と同じ意味、と覚えましょう。母音で終わる単語に付くときは가を、子音（パッチム）で終わる単語に付くときは이を使います。

私が 제《チェ》가《ガ》 直前が**母音**で終わっている場合

※「私」は저ですが、後ろに가が付くときは特別に제に変化します。

韓国が 한국《ハング》이《ギ》 直前が**子音**（パッチム）で終わっている場合

ちょっと練習 以下の単語が母音で終わっているか、子音で終わっているかを見て、「～が」に当たる助詞を書きましょう。

① 彼女が 그 녀 □

② 大人が 어 른 □

答え：
①그녀《クニョ》가《ガ》（直前が母音）
②어른《オル》이《ニ》（直前が子音）

～を＝～를《ルル》/을《ウル》

를/을は、日本語の「～を」に当たる助詞です。これも日本語の「～を」と同じ意味、と考えてよいのですが、日本語の「～を」とは異なる使い方をするときもあります（右ページ「韓国語マメ知識」参照）。だいたいは同じ意味なので、まずはこのまま覚えましょう。母音で終わる単語に付くときは를を、子音（パッチム）で終わる単語に付くときは을を使います。

勉強を　공부《コンブ》를《ルル》　直前が**母音**で終わっている場合

家族を　가족《カジョグ》을《ル》　直前が**子音**（パッチム）で終わっている場合

ちょこっと練習

以下の単語が母音で終わっているか、子音で終わっているかを見て、「～を」に当たる助詞を書きましょう。

① 時間を　시 간 ＿

② 雑誌を　잡 지 ＿

答え:
①시간《シガ》을《ヌル》（直前が子音）
②잡지《チャッチ》를《ルル》（直前が母音）

～の＝～의《エ》

의は、日本語の「～の」に当たる助詞です。やはり日本語の「～の」と同じ意味、と考えてよいのですが、日本語と違って省略されることがあります。なお、ハングルの의は通常「ウィ」と発音されますが、この助詞の場合は、特別に「エ」と発音します。日本語で「私は」と書いても「わたしわ」と発音するようなものです。

日本の首都　일본《イルボ》의《ネ》 수도《スド》

일본《イルボン》 수도《スド》　←助詞を省略する場合もあります。

ちょこっと練習

「～の」に当たる助詞を書きましょう。

① 世界の中心　세 계 ＿ 중 심

② 韓国の美術　한 국 ＿ 미 술

答え:
①세계《セゲ》의《エ》 중심《チュンシム》
②한국《ハング》의《ゲ》 미술《ミスル》

韓国語 マメ知識

似ている？ ちょっと違う？ 助詞

①日本語と似ている助詞

「私は医者です」と「私が医者です」

「私は医者です」と「私が医者です」。この2つの文章の意味の違いがわかりますか？「私は医者です」というと、「私」という人物は単純に「医者である」ということを言っています。一方、「私が医者です」は、たとえば「この中にお医者さんはいらっしゃいますか？」と訊かれたときなどに、自分こそが医者だ、と申し出ている感じになります。韓国語も、「は」にあたる「**는**」と「が」にあたる「**가**」を使い分けることによって、全く同じニュアンスが生まれます。「**는**」は単純に自己紹介をしているニュアンスになり、「**가**」はたくさんいる人の中から、「自分が医者です」と名乗る感じになるのです。

私は医者です。 ＝ 저는《チョヌン》 의사입니다《ウィサイㇺニダ》.

私が医者です。 ＝ 제가《チェガ》 의사입니다《ウィサイㇺニダ》.

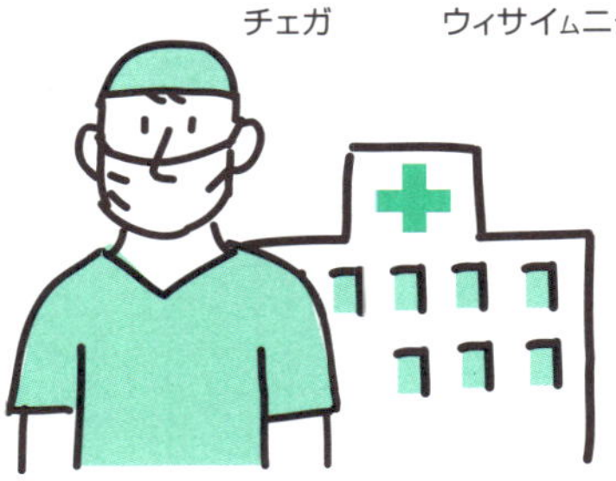

このように、日本語と韓国語という2つの言語は、文法だけでなく細かい語の使い方まで似ています。しかし、韓国独自の言葉と日本独自の言葉には、発音の違いがあまりに多く、その関連性はまだ明らかになっていません。日本人にとって、勉強してこれほど面白い言葉は、なかなかないのではないでしょうか。

---

②日本語とちょっと違う助詞

「電車を乗る」「先生を会う」

『韓国語は、日本語と「てにをは」がそっくり』…。これまで、口を酸っぱくして言ってきたことですが、やはり韓国語は外国語。日本語とはちょっと違う「てにをは」もあります。「列車に乗る」、「先生に会う」などというとき、韓国語では「列車**を**乗る」、「先生**を**会う」という言い方をします。

を↓

地下鉄に乗ります。 ＝ 지하철을《チハチョルㇽ》 탑니다《タㇺニダ》.

先生に会います。 ＝ 선생님을《ソンセンニムㇽ》 만니다《マンナㇺニダ》.

※「乗る」「会う」などの動詞は、p.74から勉強します。

書いてみよう

単語ごとに対応するハングルを書いてみましょう。まず、「〜は」「〜が」を使った文章を、次に「〜を」「〜の」を使った文章を練習します。

練習 1

CDを聞きながら、単語を1つずつ書き取ってみましょう。

CD 24

①

私	は	男	です。
저《チョ》	는《ヌン》	남자《ナムジャ》	입니다.《イムニダ》
저	는	남자	입니다.

②

学生	は	勉強	します。
학생《ハクセン》	은《ウン》	공부《コンブ》	합니다.《ハムニダ》
학생	은	공부	합니다.

③

彼	が	社長	です。
그《ク》	가《ガ》	사장《サジャン》	입니다.《イムニダ》
그	가	사장	입니다.

④

市長	が	決定	します。
시장《シジャン》	이《イ》	결정《キョルチョン》	합니다.《ハムニダ》
시장	이	결정	합니다.

練習 2 CDを聞きながら、単語を1つずつ書き取ってみましょう。

CD 25

①

英語	を	勉強	します。
영어《ヨンオ》	를《ルル》	공부《コンブ》	합니다.《ハムニダ》
영어	를	공부	합니다.

②

税金	を	調査	します。
세금《セグム》	을《ウル》	조사《チョサ》	합니다.《ハムニダ》
세금	을	조사	합니다.

③

東京	の	名物	です。
도쿄《トーキョー》	의《エ》	명물《ミョンムル》	입니다.《イムニダ》
도쿄	의	명물	입니다.

単語CHECK!

CD 26

- □ 社長 사장《サジャン》
- □ 英語 영어《ヨンオ》
- □ 名物 명물《ミョンムル》
- □ 時間 시간《シガン》
- □ 雑誌 잡지《チャッチ》
- □ 首都 수도《スド》
- □ 世界 세계《セゲ》
- □ 中心 중심《チュンシム》
- □ 美術 미술《ミスル》
- □ 市長 시장《シジャン》
- □ 決定 결정《キョルチョン》
- □ 税金 세금《セグム》

STEP 5

「〜ではありません」

韓国の町を歩いていて道を尋ねられたときは、모르겠습니다「わかりません」（右ページ「韓国語マメ知識」参照）と言えばいいのですが、ここでは「私は韓国人ではありません」とはっきり否定する言い方を覚えましょう。

学習ポイントと文法チェック

- ちょっと違う「てにをは」
- 〜ではありません。＝ 〜가《ガ》/이《イ》 아닙니다《アニムニダ》.

学習POINT 構造は似ているが、「てにをは」がちょっと違う

「〜ではありません」という否定の表現は、「てにをは」の使い方がちょっとだけ違いますが、文の構造は日本語によく似ています。

キムチ　では　ありません。
↓　↓　↓
김치《キムチ》 가《ガ》 아닙니다《アニムニダ》.

男　では　ありません。
↓　↓　↓
남자《ナムジャ》 가《ガ》 아닙니다《アニムニダ》.

韓国人　では　ありません。
↓　↓　↓
한국인《ハングギン》 이《イ》 아닙니다《アニムニダ》.

このように、「では」に対応する韓国語が가/이であることがおわかりと思いますが、実はこの가/이は、本来「が」に当たる助詞（→p.41）です。次の「文法チェック」で説明しましょう。

文法CHECK ～ではありません＝～가《ガ》/이《イ》 아닙니다《アニㇺニダ》

「～ではありません」と否定するときの表現は、「が」に当たる助詞**가/이**に、「違います」という意味の**아닙니다**を付けます。つまり、「～ではありません」は、韓国では「～が違います」という言い方をするのです。言葉の順番は同じですが、表現の仕方がちょっと違いますね。

학생《ハㇰセン》이《イ》 아닙니다《アニㇺニダ》.　学生ではありません。
直訳：学生が違います。

이것은《イゴスン》 메《メ》일《イ》이《リ》 아닙니다《アニㇺニダ》.
これはメールではありません。
直訳：これはメールが違います。

ちょこっと練習

「～ではありません」というハングルを書いて、文章を完成させましょう。

① 薬ではありません。　약＿＿＿＿＿＿.

② 新聞ではありません。　신 문＿＿＿＿＿＿.

③ 汽車ではありません。　기 차＿＿＿＿＿＿.

答え：
①약《ヤ》이《ギ》 아닙니다《アニㇺニダ》.
②신문《シンム》이《ニ》 아닙니다《アニㇺニダ》.
③기차《キチャ》가《ガ》 아닙니다《アニㇺニダ》.

韓国語マメ知識　「わかりました」と「わかりません」

韓国旅行で便利に使える、「わかりました」「わかりません」という表現を覚えましょう。

わかりました。 → 알겠습니다《アルゲッスㇺニダ》.

わかりません。 → 모르겠습니다《モルゲッスㇺニダ》.

それぞれ元は「わかる＝**알다**」、「知らない＝**모르다**」という動詞に、控えめな気持ちを表す「**겠**」と、丁寧な語尾「**습니다**」が付いたものです。今は、そのまま暗記してしまえばよいでしょう。動詞についてはp.74から詳しく勉強します。

書いてみよう

「～では（＝～が）」に当たる助詞가/이を間違えないようにしましょう。
直前の単語に子音（パッチム）がなければ가、あれば이です。

練習1 CDを聞きながら、単語を1つずつ書き取ってみましょう。

CD 27

①

韓国人	では	ありません。
한국인《ハングギン》	이《イ》	아닙니다.《アニムニダ》
한국인	이	아닙니다.

②

キムチ	では	ありません。
김치《キムチ》	가《ガ》	아닙니다.《アニムニダ》
김치	가	아닙니다.

③

幼稚園	では	ありません。
유치원《ユチウォン》	이《イ》	아닙니다.《アニムニダ》
유치원	이	아닙니다.

④

映画	では	ありません。
영화《ヨンファ》	가《ガ》	아닙니다.《アニムニダ》
영화	가	아닙니다.

練習2 CDを聞きながら、分かち書き（→p.21）にも注意して、文章として書いてみましょう。

CD 28

① 大学ではありません。

대학교가《テハッキョガ》 아닙니다.《アニムニダ》

② テレビではありません。

텔레비전이《テルレビジョニ》 아닙니다.《アニムニダ》

③ 試験ではありません。

시험이《シホミ》 아닙니다.《アニムニダ》

④ トイレではありません。

화장실이《ファジャンシリ》 아닙니다.《アニムニダ》

練習3 2つ並んだ単語のどちらかを使い、イラストに合う「～ではありません」という文章を完成させましょう。答えの音声はCDで確認してください。 CD 29

①

男
남자《ナムジャ》

女
여자《ヨジャ》

②

お茶
차《チャ》

コーヒー
커피《コピ》

③

地下鉄
지하철《チハチョル》

バス
버스《ボス》

答え：
①여자가《ヨジャガ》 아닙니다《アニムニダ》.（女ではありません。） ②차가《チャガ》 아닙니다《アニムニダ》.（お茶ではありません。）
③지하철이《チハチョリ》 아닙니다《アニムニダ》.（地下鉄ではありません。）

単語CHECK! CD 30

□ キムチ	김치《キムチ》	□ 薬	약《ヤク》	□ 映画	영화《ヨンファ》	□ お茶	차《チャ》
□ 韓国人	한국인《ハングギン》	□ 新聞	신문《シンムン》	□ 大学	대학교《テハッキョ》	□ 地下鉄	지하철《チハチョル》
□ これ	이것《イゴッ》 (→p.56)	□ 汽車	기차《キチャ》	□ 試験	시험《シホム》	□ バス	버스《ボス》
□ メール	메일《メイル》	□ 幼稚園	유치원《ユチウォン》	□ トイレ（化粧室）	화장실《ファジャンシル》		

STEP 6

文末に「か?」を付ければ疑問文

日本語なら「～です」という文章の最後に「か?」を付ければ、相手に尋ねる文章になりますね。韓国語の場合はどうでしょうか。完全に同じではありませんが、日本語同様、文章の最後に「까(ッカ)?」を付ければOKです。

学習ポイントと文法チェック

- **文末に「か?」を付けるだけ**
- **～ですか?= ～입니까?《イムニッカ》**
  ～しますか?= ～합니까?《ハムニッカ》

学習POINT 日本語同様、文末に「か?」を付けるだけ

p.20で勉強した「ここは東京です」を疑問文にするにはどうすればよいでしょうか。日本語では、文章の最後に「か?」を付ければ「ここは東京ですか?」という疑問文になります。韓国語もほとんど同じで、最後の다.を取って까(ッカ)?を付けるだけです。発音も似ているのでわかりやすいですね。

ここ	は	東京	です。		か?
여기《ヨギ》	는《ヌン》	도쿄《トーキョー》	입니다.《イムニダ》（다.を取る）	+	까?《ッカ》

↓

ここ	は	東京	ですか?
여기《ヨギ》	는《ヌン》	도쿄《トーキョー》	입니까?《イムニッカ》

「～します」(→p.34)という文章でも、同じように疑問文が作れます。

約束	します。		か?
약속《ヤクソク》	합니다.《ハムニダ》（다.を取る）	+	까?《ッカ》

↓

約束	しますか?
약속《ヤクソク》	합니까?《ハムニッカ》

文法CHECK 다《ダ》.を取って、까《ッカ》?を付ける

疑問文の作り方はとてもかんたん。「〜ですか?」も「〜しますか?」も、最後の다.を까?に置き換えるだけです。「〜ですか?」=「〜입니까?」、「〜しますか?」=「〜합니까?」と覚えてしまってもよいでしょう。

학교《ハッキョ》입니까《イムニッカ》?　学校ですか?

교사《キョサ》입니까《イムニッカ》?　教師ですか?

중지《チュンジ》합니까《ハムニッカ》?　中止しますか?

ちょこっと練習

「〜ですか?」「〜しますか?」というハングルを書いて、文章を完成させましょう。

① 大統領ですか?　대 통 령 □ □ □ ?

② 新婦ですか?　신 부 □ □ □ ?

③ 食事しますか?　식 사 □ □ □ ?

答え:
①대통령《テトンニョン》입니까《イムニッカ》?
②신부《シンブ》입니까《イムニッカ》?
③식사《シッサ》합니까《ハムニッカ》?

韓国語マメ知識　質問されたときの答え方

人に何か尋ねられたら、それに答えるのが礼儀です。ここでちょっと、答え方を確認しておきましょう。

夫婦ですか?
부부입니까《プブイムニッカ》?
→ はい、そうです。
네《ネー》, 그렇습니다《クロッスムニダ》.
→ いいえ、夫婦ではありません。
아뇨《アニョ》, 부부가《プブガ》 아닙니다《アニムニダ》.

그렇습니다(クロッスムニダ)は、「そうです」という意味。네, 그렇습니다.でまるごと覚えてしまいましょう。「〜ではありません」はp.46で勉強しましたね。

書いてみよう

とてもかんたんな分、慣れてくるとミスも多くなります。「～ですか?」と「～しますか?」を間違えないようにしましょう。

練習 1 CDを聞きながら、単語を1つずつ書き取ってみましょう。 CD 31

①

ここ	は	東京	ですか？
여기《ヨギ》	는《ヌン》	도쿄《トーキョー》	입니까?《イㇺニッカ》
여기	는	도쿄	입니까?

②

約束	しますか？
약속《ヤㇰソㇰ》	합니까?《ハㇺニッカ》
약속	합니까?

③

夫婦	ですか？
부부《プブ》	입니까?《イㇺニッカ》
부부	입니까?

練習 2 CDを聞きながら、文章として書いてみましょう。 CD 32

① 学校ですか？

학교입니까?《ハッキョイㇺニッカ》

② 教師ですか？

교사입니까?《キョサイㇺニッカ》

③ 中止しますか？

중지합니까?《チュンジハㇺニッカ》

④ 食事しますか？

식사합니까?《シㇰサハㇺニッカ》

練習3

イラストを見て、「～ですか?」と質問する文章を完成させましょう。
答えの音声はCDで確認してください。 CD 33

①

カメラ
카메라《カメラ》

②

宿題
숙제《スㇰチェ》

③

電話
전화《チョヌァ》

答え:
①카메라《カメラ》입니까《イムニッカ》?(カメラですか?) ②숙제《スㇰチェ》입니까《イムニッカ》?(宿題ですか?)
③전화《チョヌァ》입니까《イムニッカ》?(電話ですか?)

単語CHECK!

CD 34

□ 学校	학교《ハッキョ》	□ 大統領	대통령《テトンニョン》	□ 夫婦	부부《プブ》	□ 電話	전화《チョヌァ》
□ 教師	교사《キョサ》	□ 新婦	신부《シンブ》	□ カメラ	카메라《カメラ》		
□ 中止	중지《チュンジ》	□ 食事	식사《シㇰサ》	□ 宿題	숙제《スㇰチェ》		

単語マスター 4

家族の呼び方

p.32では「私」や「彼」といった、人の呼び方を勉強しましたが、今度は、家族の呼び方を勉強しましょう。日本語とは発音が異なりますが、そのまま覚えてしまいましょう。

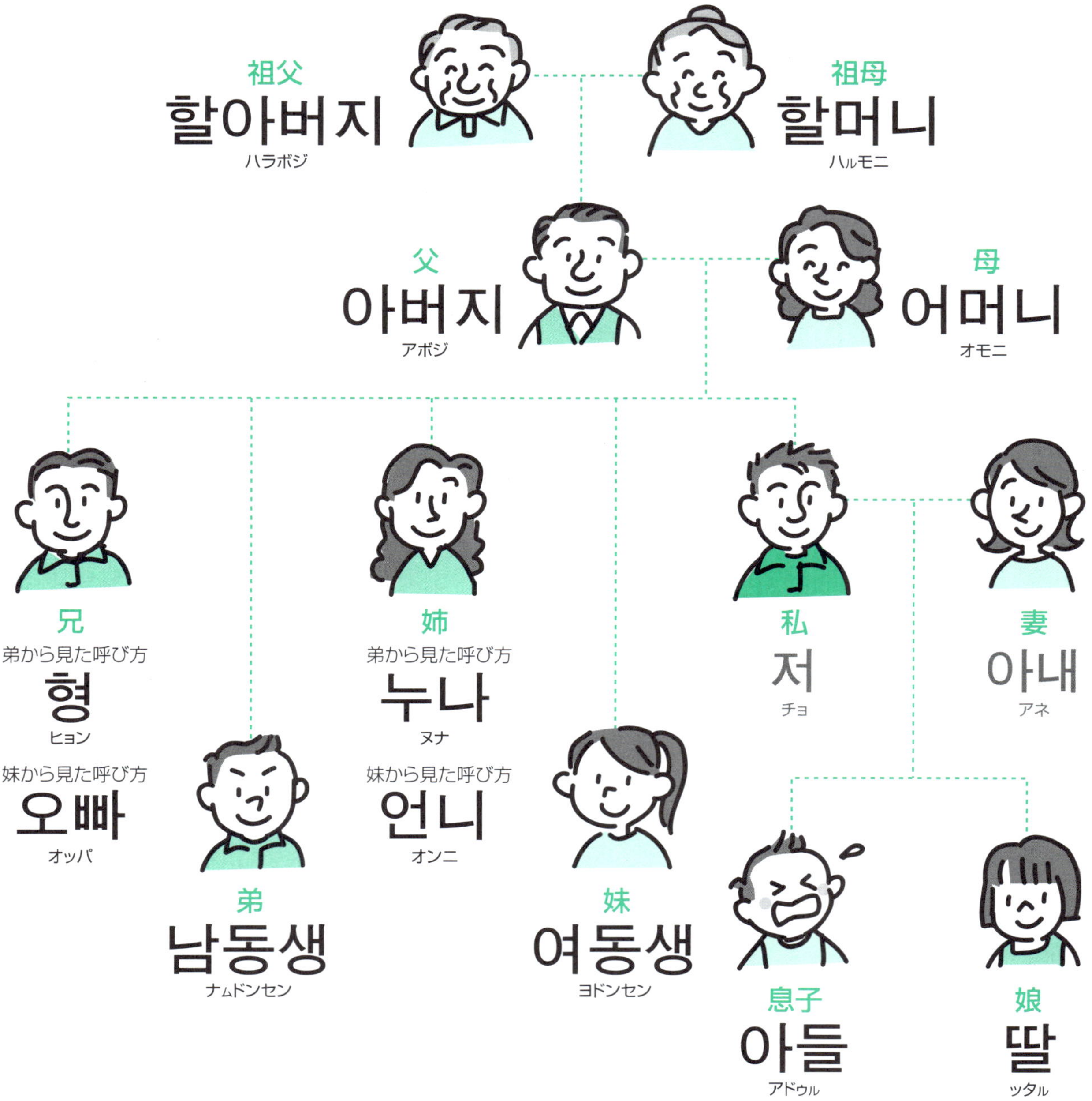

※弟（남동생）や妹（여동생）は、性別を区別せず単に동생（トンセン）ということもできます。

書いてみよう

CDを聞きながら以下の文字を書いてみましょう。日本語と発音が異なり覚えにくいかもしれませんが、少しずつ覚えていきましょう。

CD 35

①祖父
할아버지《ハラボジ》

②祖母
할머니《ハルモニ》

③父
아버지《アボジ》

④母
어머니《オモニ》

⑤弟
남동생《ナムドンセン》

⑥妹
여동생《ヨドンセン》

⑦兄
형《ヒョン》
※弟から見た呼び方

⑧兄
오빠《オッパ》
※妹から見た呼び方

⑨姉
누나《ヌナ》
※弟から見た呼び方

⑩姉
언니《オンニ》
※妹から見た呼び方

⑪息子
아들《アドゥル》

⑫娘
딸《ッタル》

韓国語マメ知識

「オッパ」の使い方

オッパ（오빠）は、本来妹から見た兄の呼び方ですが、最近は女性がボーイフレンドなど普通より親しい男性を呼ぶときに多く使われます。ですから、韓国の男性は魅力的な女性から「オッパ!」と呼ばれると、とても喜ぶようです。ところで、2006年に放送され、チェ・ジウと竹野内豊が共演したドラマ「輪舞曲」で、男である佐藤隆太が竹野内豊を「オッパ」と呼んでちょっとした論争になりましたが、やはりこれは間違い。男性が信頼する年上の男性に対し親しみを込めて呼ぶときは、「ヒョン（형＝アニキ）」を使います。

STEP 7

「こそあど言葉」覚えていますか？

小学校の時に習った「こそあど言葉」。韓国にもほぼ同じ意味・使い方の言葉があります。「これ」「それ」「あれ」「どれ」などは、いろいろな場面でとても便利に使える言葉なので、韓国語の表現力が大きく広がります。

文法チェック

● こ・そ・あ・ど 言葉は
이《イ》・그《ク》・저《チョ》・어느《オヌ》 言葉

学習POINT 「こそあど」それぞれに3つのバリエーション

「こ」「そ」「あ」「ど」には、それぞれ「この」「これ」「ここ」というような3つのバリエーションがあります。「こ」のバリエーションを例に、見てみましょう。

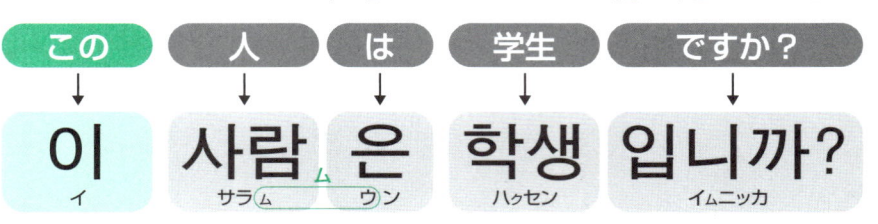

この　人　は　学生　ですか？
↓
이《イ》 사람《サラム》은《ウン》 학생《ハクセン》 입니까?《イムニッカ》

「この」は이。이がバリエーションの基本となって、「これ」「ここ」に変化します。

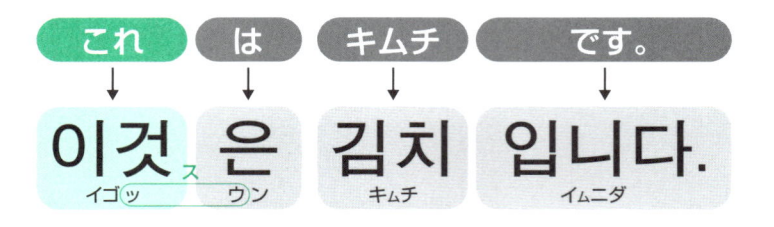

これ　は　キムチ　です。
↓
이것《イゴッ》은《ウン》 김치《キムチ》 입니다.《イムニダ》

「これ」は이것ですが、것(ゴッ)は「物」という意味です。つまり、「この」이＋「物」것で「この物＝これ」というしくみになっているのです。

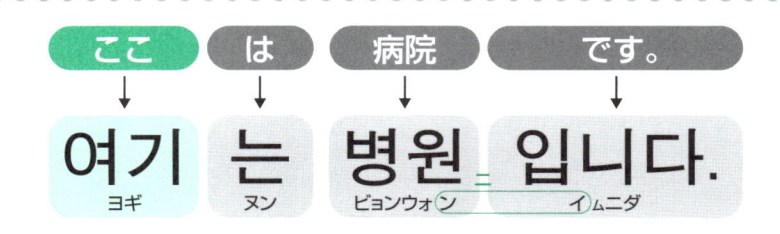

ここ　は　病院　です。
↓
여기《ヨギ》 는《ヌン》 병원《ビョンウォン》 입니다.《イムニダ》

文法CHECK 「こそあど」の基本は이・그・저・어느（イ ク チョ オヌ）

韓国語のこそあど言葉には、以下のようなものがあります。まずは基本の이(イ)、그(ク)、저(チョ)、어느(オヌ)から覚えていきましょう。

こ	この 이《イ》	この地図 이《イ》 지도《チド》 	これ 이것《イゴッ》	ここ 여기《ヨギ》
そ	その 그《ク》	その人 그《ク》 사람《サラム》 	それ 그것《クゴッ》	そこ 거기《コギ》
あ	あの 저《チョ》	あの山 저《チョ》 산《サン》 	あれ 저것《チョゴッ》	あそこ 저기《チョギ》
ど	どの 어느《オヌ》	どのかばん 어느《オヌ》 가방《カバン》 	どれ 어느것《オヌゴッ》	どこ 어디《オディ》

ちょこっと練習

適当な「こそあど言葉」を空欄に記入しましょう。

① それは牛肉です。 [　　] 은 소고기입니다.

② この雑誌ですか? [　　] 잡지입니까?

③ どこですか? [　　] 입니까?

④ あそこが本屋です。 [　　] 가 서점입니다.

答え:
①그것은《クゴスン》 소고기입니다《ソゴギイムニダ》.
②이《イ》 잡지입니까《チャッチイムニッカ》?
③어디《オディ》입니까《イムニッカ》?
④저기《チョギ》가《ガ》 서점입니다《ソジョミムニダ》.

書いてみよう

こそあど言葉を使った文章を、3つのバリエーションで書いてみましょう。「この…」、「これ…」、「ここ…」の順に練習します。

練習1

CDを聞きながら、「この」「その」「あの」「どの」を使った文章の単語を1つずつ書き取ってみましょう。

CD 36

①

この	かばん	ですか？
이《イ》	가방《カバン》	입니까?《イムニッカ》
이	가방	입니까?

②

その	かばん	です。
그《ク》	가방《カバン》	입니다.《イムニダ》
그	가방	입니다.

③

どの	人	ですか？
어느《オヌ》	사람《サラム》	입니까?《イムニッカ》
어느	사람	입니까?

④

あの	人	です。
저《チョ》	사람《サラム》	입니다.《イムニダ》
저	사람	입니다.

練習2

CDを聞きながら、「これ」「それ」「あれ」「どれ」を使った文章を、分かち書き（→p.21）にも注意して書いてみましょう。

CD 37

① それは紅茶ですか？

그것은《クゴスン》 홍차입니까?《ホンチャイムニッカ》

② これは緑茶です。

이것은《イゴスン》 녹차입니다.《ノクチャイムニダ》

③ どれがコーヒーですか？

어느것이《オヌゴシ》 커피입니까?《コピイムニッカ》

④ あれがコーヒーです。

저것이《チョゴシ》 커피입니다.《コピイムニダ》

練習 **3** CDを聞きながら、「ここ」「そこ」「あそこ」「どこ」を使った文章を、分かち書き（→p.21）にも注意して書いてみましょう。 CD 38

① ここがホテルですか？

여기가《ヨギガ》 호텔입니까?《ホテリㇺニッカ》

② はい、そこです。

네,《ネー》 거기입니다.《コギイㇺニダ》

③ トイレはどこですか？

화장실은《ファジャンシルン》 어디입니까?《オディイㇺニッカ》

④ あそこです。

저기입니다.《チョギイㇺニダ》

韓国語 マメ知識

ちょっとした使い方が日本語とそっくり

韓国語の「こそあど言葉」。言葉の発音は日本語と全然違いますね。でも、使い方は驚くほど似ています。例えば日本語で、知らない人にためらいがちに話しかけるとき、「あの～」と言いますが、これは、韓国語でも同じ。やはり「저～（あの～）」と言います。また、答えに詰まって、「その…」と口ごもるとき。やはり、韓国語でも「그…（その…）」と言うことができます。

もう1つ、「そりゃ、そうだよ」と言うときの「そりゃ」は、韓国語では「그야」と言いますが、これは「그것이야（それこそさ）」が縮まったもの。このように、日本語と韓国語は言葉の使い方までそっくりなのです。

単語CHECK! CD 39

□ 人 사람《サラㇺ》	□ 本屋（書店） 서점《ソジョㇺ》	□ 牛肉 소고기《ソゴギ》	□ 緑茶 녹차《ノㇰチャ》
□ 病院 병원《ピョンウォン》	□ かばん 가방《カバン》	□ 紅茶 홍차《ホンチャ》	

STEP 8

「あります」と「ありません」

英語で「～があります」「～がないです」をどう言うかわかりますか？実は、英語には「ある」「ない」にぴったり合う単語がありません。でも、韓国語には日本語の「ある」「ない」にぴったり合う単語があるのです。

学習ポイントと文法チェック

- 「ある」と「いる」が同じ
- あります＝있습니다《イッスムニダ》
- ありません＝없습니다《オㇷ゚スムニダ》

学習POINT 「ある」と「いる」の区別がない

日本語の「（物が）あります」に当たる韓国語は**있습니다**（イッスムニダ）です。

ビール	が	あります。
↓	↓	↓
맥주《メㇰチュ》	가《ガ》	있습니다.《イッスムニダ》

日本語と少し違うのは、「（人が）います」というときも、「（物が）あります」と同じ**있습니다**を使う、ということです。

兄弟	が	います。
↓	↓	↓
형제《ヒョンジェ》	가《ガ》	있습니다.《イッスムニダ》

反対に「ありません」は**없습니다**（オㇷ゚スムニダ）です。**있습니다**と同様、物、人両方に使います。

余裕	が	ありません。
↓	↓	↓
여유《ヨユ》	가《ガ》	없습니다.《オㇷ゚スムニダ》

文法CHECK ありますー=있습니다《イッスムニダ》、ありません=없습니다《オプスムニダ》

「あります／います」＝있습니다、「ありません／いません」＝없습니다と単純に覚えてしまいましょう。これらは「ある／いる」の있다、「ない／いない」の없다を「ですます形」の表現にした単語です。

편의점이《ピョニジョミ》 있습니다.《イッスムニダ》 コンビニ（便宜店）があります。

녹차는《ノㇰチャヌン》 없습니다.《オプスムニダ》 緑茶はありません。

※ 日本語では、「てにをは」を省略して「ビールあります」と言うように、韓国語でも맥주 있습니다.（メㇰチュイッスムニダ）と助詞を省略して言うこともできます。

※ 日本語で「～はありますか？」と尋ねるとき、韓国語では「～がありますか？」と言うこともできます。

ちょこっと練習

以下の文章を完成させましょう。

① 会議が あります。	회	의	가					.
② 友だちが います。	친	구	가					.
③ 学生が いません。	학	생	이					.

答え：
①회의가《フェウィガ》 있습니다.《イッスムニダ》
②친구가《チングガ》 있습니다.《イッスムニダ》
③학생이《ハッセンイ》 없습니다.《オプスムニダ》

韓国語マメ知識 「ある」「ない」の丁寧表現

日本語の「ですます形」にするには、語尾の다を取って、ㅂ니다を付けることはp.35で勉強しましたが、「ある」「ない」の場合はちょっと違って습니다を付けます。ㅂ니다の直前にパッチムがあるので、스を補ってあげるのです。

する　ます（丁寧な語尾）　します
하다 ＋ ㅂ니다 ＝ 합니다《ハムニダ》
└パッチムがない

ある　ます（丁寧な語尾）　あります
있다 ＋ ㅂ니다 ＝ 있 스＋ㅂ니다 → 있습니다《イッスムニダ》
└パッチムがある
子音ひとつでは文字になれないので스がくっつく

書いてみよう

「あります」と「ありません」は最初の１文字が違うだけなので、間違えないようにしましょう。

練習 1

CDを聞きながら、単語を１つずつ書き取ってみましょう。 CD 40

①

ビール	が	あります。
맥주《メㇰチュ》	가《ガ》	있습니다.《イッスㇺニダ》
맥주	가	있습니다.

②

時間	が	ありません。
시간《シガン》	이《イ》	없습니다.《オㇷ゚スㇺニダ》
시간	이	없습니다.

③

余裕	が	ありません。
여유《ヨユ》	가《ガ》	없습니다.《オㇷ゚スㇺニダ》
여유	가	없습니다.

④

記憶	が	あります。
기억《キオク》	이《イ》	있습니다.《イッスㇺニダ》
기억	이	있습니다.

練習 2

CDを聞きながら、分かち書き（→p.21）にも注意して、文章として書いてみましょう。 CD 41

① コンビニがあります。

편의점이《ピョニジョミ》 있습니다.《イッスㇺニダ》

② 会議はありますか？

회의는《フェウィヌン》 있습니까?《イッスㇺニッカ》

③ 学生は（が）いませんか?

학생이《ハㇰセンイ》 없습니까?《オㇷ゚スㇺニッカ》

④ 緑茶はありません。

녹차는《ノㇰチャヌン》 없습니다.《オㇷ゚スㇺニダ》

練習 3

空欄に適切な単語を書き、会話を完成させたら、文章全体を書き取ってみましょう。答えの音声はCDで確認してください。 CD 42

りんご
사과《サグァ》

ぶどう
포도《ポド》

①お客
りんごはありますか？
______ 는 ______ ?

②店員
いいえ、りんごはありません。
아뇨, ______ 는 ______ .

③お客
ぶどうはありませんか？
______ 는 ______ ?

④店員
いいえ、ぶどうはあります。
아뇨, ______ 는 ______ .

⑤お客
では、ぶどうをください。
그럼, ______ 를 주세요.*

＊ください（주세요）はp.122で勉強します。

答え：
①사과《サグァ》는《ヌン》 있습니까《イッスムニッカ》? ②아뇨《アニョ》, 사과《サグァ》는《ヌン》 없습니다《オッスムニダ》.
③포도《ポド》는《ヌン》 없습니까《オッスムニッカ》? ④아뇨《アニョ》, 포도《ポド》는《ヌン》 있습니다《イッスムニダ》. ⑤그럼《クロム》, 포도《ポド》를《ルル》 주세요《ジュセヨ》.

単語CHECK! CD 43

□ビール 맥주《メッチュ》	□余裕 여유《ヨユ》	□会議 회의《フェウィ》	□ぶどう 포도《ポド》
□兄弟 형제《ヒョンジェ》	□コンビニ 편의점《ピョニジョム》	□りんご 사과《サグァ》	□では 그럼《クロム》

STEP 9

「てにをは」（助詞）次の一歩

いよいよ“日本語から始める”超入門編も最後のSTEPです。p.40で覚えた助詞の知識をさらに増やして、基礎をしっかり固めましょう。

学習ポイントと文法チェック

- 助詞の知識をさらに増やす
- ～と＝～하고《ハゴ》　～も＝～도《ド》　～に＝～에《エ》
- ～から／～で＝～에서《エソ》　～から＝～부터《ブト》　～まで＝～까지《ッカジ》

学習POINT　助詞の知識をさらに増やして表現力アップ

助詞の知識が増えると、表現できる言葉はとても増えます。「～と」に当たる**하고**、「～も」を意味する**도**、「～に」を表す**에**を使えば、こんな長い文章ができあがります。

かばん	と	くつ	も	部屋	に	あります。
↓	↓	↓	↓	↓	↓	↓
가방《カバン》	하고《ハゴ》	구두《クドゥ》	도《ド》	방《パン》	에《エ》	있습니다.《イッスムニダ》

今度は「（場所）から」を意味する**에서**、「（場所・時）まで」を表す**까지**を使ってみましょう。

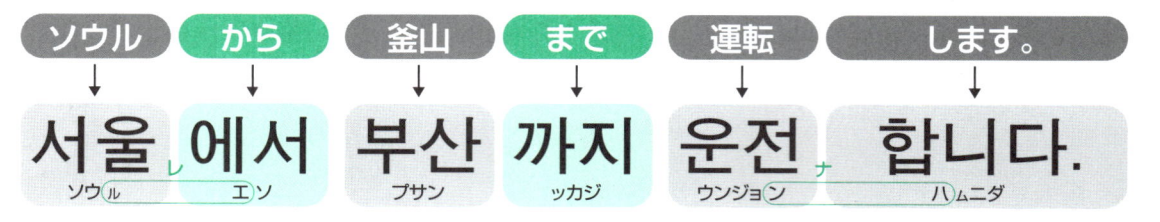

ソウル	から	釜山	まで	運転	します。
↓	↓	↓	↓	↓	↓
서울《ソウル》	에서《エソ》	부산《プサン》	까지《ッカジ》	운전《ウンジョン》	합니다.《ハムニダ》

「～から」という助詞は、「（場所）から」と「（時）から」では使う単語が違うので、注意が必要です。今度は「（時）から」を表わす**부터**を使ってみます。

今日	から	図書館	で	勉強	します。
↓	↓	↓	↓	↓	↓
오늘《オヌル》	부터《ブト》	도서관《トソグァン》	에서《エソ》	공부《コンブ》	합니다.《ハムニダ》

文法 CHECK むずかしく考えずに、そのまま覚えよう

〜と＝〜하고《ハゴ》

하고(ハゴ)は、2つ以上の単語をつなげる「〜と」に当たる助詞です。**하고**は話し言葉で、書き言葉では**와**(ワ)/**과**(グァ)（直前にパッチムがある場合）を使いますが、まずは**하고**を覚えればよいでしょう。

ちょこっと練習 空欄に「〜と」に当たる助詞を書きましょう。

● 韓国と日本

한국 ___ 일본

答え:
한국《ハングゥ》**하고**《ハゴ》 일본《イルボン》

〜も＝〜도《ド》

도(ド)は、「あれも、これも」という「〜も」に当たる助詞です。「100個もある」などと、数量が大きいさまを表すときは、別の〜**나**(ナ)を使います。

これもおいしいです。 이것《イゴッ》**도**《ト》 맛있어요《マシッソヨ》.

ちょこっと練習 空欄に「〜も」に当たる助詞を書きましょう。

● 卵もあります。

계란 ___ 있습니다.

答え:
계란《ケーラン》**도**《ド》 있습니다《イッスムニダ》.

〜に＝〜에《エ》

에(エ)は、場所を示すときの「〜に」に当たる助詞です。「（場所）には」なら〜**에는**となります。また、「（人）に」は〜**에게**(エゲ)です。

ここにあります。 여기《ヨギ》**에**《エ》 있습니다《イッスムニダ》.

ちょこっと練習 空欄に「〜に」に当たる助詞を書きましょう。

● ホテルに宿泊します。

호텔 ___ 숙박합니다.

答え:
호텔《ホテ》**에**《レ》 숙박합니다《スクパクハムニダ》.

～から ～で ＝～에서《エソ》

＊**場所を示す**

「～から」は、場所を示すか時間を示すかによって使い分けます。「どこどこから」というように、場所の起点を示すときは**에서**（エソ）。また、「（場所）で～する」というときの「～で」も同じ助詞を使います。

教室で自習します。　교실《キョシ》에서《レソ》 자습합니다《チャスㇷ゚ハㇺニダ》.

ちょこっと練習　空欄に場所を示す「～から」に当たる助詞を書きましょう。

● **東京から出発します。**

도 쿄 ＿ ＿ 출 발 합 니 다 .

答え：
도쿄《トーキョー》에서《エソ》 출발합니다《チュㇽバラㇺニダ》.

～から＝～부터《ブト》

＊**時間を示す**

「明日から」などと時間を示すときは**부터**（ブト）を使います。この場所と時間の使い分けは、「どこどこエソ」「いついつブト」と覚えてしまいましょう。

明日からやります。　내일《ネイㇽ》부터《ブト》 합니다《ハㇺニダ》.

ちょこっと練習　空欄に時間を示す「～から」に当たる助詞を書きましょう。

● **今から勉強します。**

지 금 ＿ ＿ 공 부 합 니 다 .

答え：
지금《チグㇺ》부터《ブト》 공부합니다《コンブハㇺニダ》.

～まで＝～까지《ッカジ》

「～から」は状況によって使い分けが必要でしたが、日本語で「～まで」と言うときは、ほぼ例外なく**까지**（ッカジ）を使います。

慶州まで運転します。　경주《キョンジュ》까지《ッカジ》 운전합니다《ウンジョナㇺニダ》.

ちょこっと練習　空欄に「～まで」に当たる助詞を書きましょう。

● **明日まで練習します。**

내 일 ＿ ＿ 연 습 합 니 다 .

答え：
내일《ネイㇽ》까지《ッカジ》 연습합니다《ヨンスㇷ゚ハㇺニダ》.

助詞一覧表

助詞はたくさんあるので、しっかり復習しましょう。

	母音で終わる単語の後	子音で終わる単語の後	使用例	備考
～は	～는《ヌン》	～은《ウン》	남자는《ナムジャヌン》（男は）　학생은《ハㇰセンウン》（学生は）	
～が	～가《ガ》	～이《イ》	여기가《ヨギガ》（ここが）　신문이《シンムニ》（新聞が）	
～を	～를《ルㇽ》	～을《ウㇽ》	잡지를《チャㇷ゚チルㇽ》（雑誌を）　시험을《シホムㇽ》（試験を）	
～の	～의《エ》		최신의《チェシネ》（最新の）	
～と	～하고《ハゴ》		서울하고《ソウラゴ》 부산《プサン》（ソウルと釜山）	話し言葉
	～와《ワ》	～과《グァ》	차와《チャワ》 우유《ウユ》（お茶と牛乳）약과《ヤックァ》 컵《コㇷ゚》（薬とコップ）	書き言葉
～も	～도《ド》		학생도《ハㇰセンド》（学生も）	並列
	～나《ナ》	～이나《イナ》	열《ヨㇽ》 개나《ケナ》（10個も）　열《ヨㇽ》 번이나《ポニナ》（10回も*）	数量
～に	～에《エ》		학교에《ハッキョエ》（学校に）	場所、物事を示す
	～에게《エゲ》		누나에게《ヌナエゲ》（姉に）	人、動物を示す
～から	～에서《エソ》		도쿄에서《トーキョーエソ》（東京から）	場所の起点を示す
	～부터《ブト》		오늘부터《オヌㇽブト》（今日から）	時間、順序を示す
～まで	～까지《ッカジ》		역까지《ヨッカジ》（駅まで）　내일까지《ネイㇽッカジ》（明日まで）	
～で	～에서《エソ》		회사에서《フェサエソ》（会社で）	場所を示す
	～로《ロ》	～으로《ウロ》	버스로《ポスロ》（バスで）　손으로《ソヌロ》（手で）	手段を示す

* 数字については、p.106参照。

書いてみよう

少し長い文章もありますが、助詞さえしっかり勉強すれば、決して難しくはありません。

練習 1 CDを聞きながら、単語を1つずつ書き取ってみましょう。 CD 44

①

動物	と	植物
동물《トンムル》 ラ	하고《ハゴ》	식물《シンムル》
동물	하고	식물

②

ここ	に	あります。
여기《ヨギ》	에《エ》	있습니다.《イッスムニダ》
여기	에	있습니다.

③

かばん	と	くつ	も	部屋	に	あります。
가방《カバン》	하고《ハゴ》	구두《クドゥ》	도《ド》	방《パン》	에《エ》	있습니다.《イッスムニダ》
가방	하고	구두	도	방	에	있습니다.

④

ソウル	から	釜山	まで	運転	します。
서울《ソウル》 レ	에서《エソ》	부산《プサン》	까지《ッカジ》	운전《ウンジョン》 ナ	합니다.《ハムニダ》
서울	에서	부산	까지	운전	합니다.

⑤

今日	から	図書館	で	勉強	します。
오늘《オヌル》	부터《ブト》	도서관《トソグァン》 ネ	에서《エソ》	공부《コンブ》	합니다.《ハムニダ》
오늘	부터	도서관	에서	공부	합니다.

練習 2

空欄に適切な助詞を書き、文章を完成させたら、文章全体を書いてみましょう。答えの音声はCDで確認してください。 CD 45

① この　会社　に　は　秘密　が　あります。

이 회사 ＿＿ 는 비밀 ＿＿ 있습니다.

② ここ　まで　は　私　が　担当します。

여기 ＿＿ 는 제 ＿＿ 담당합니다.

③ 明日　から　は　韓国　で　も　やります。

내일 ＿＿ 는 한국 ＿＿ ＿＿ 합니다.

答え: ①이《イ》 회사《フェサ》**에**《エ》는《ヌン》 비밀《ピミ》**이**《リ》 있습니다《イッスムニダ》. ②여기《ヨギ》**까지**《ッカジ》는《ヌン》 제《チェ》**가**《ガ》 담당합니다《タムダンハムニダ》.
③내일《ネイル》**부터**《プト》는《ヌン》 한국《ハング》**에서**《ゲソ》**도**《ド》 합니다《ハムニダ》.

単語CHECK! CD 46

- □ くつ 구두《クドゥ》
- □ 部屋（房） 방《パン》
- □ ソウル 서울《ソウル》
- □ 釜山 부산《プサン》
- □ 運転 운전《ウンジョン》
- □ 今日 오늘《オヌル》 (→p.113)
- □ 図書館 도서관《トソグァン》
- □ おいしい（味がある） 맛있다《マシッタ》 (→p.72)
- □ 卵（鶏卵） 계란《ケーラン》
- □ 宿泊 숙박《スクパク》
- □ 教室 교실《キョシル》
- □ 自習 자습《チャスプ》
- □ 出発 출발《チュルバル》
- □ 明日 내일《ネイル》 (→p.113)
- □ 今 지금《チグム》
- □ 慶州 경주《キョンジュ》
- □ 練習 연습《ヨンスプ》
- □ コップ 컵《コプ》
- □ 手 손《ソン》 (→p.124)

総まとめ

おさらい練習

ここまで勉強してきた「日本語そっくりの文法」の総まとめとして、文章を書く練習をします。
まず、単語ごとに書き取り、次に、分かち書きに注意しながら文章として書きましょう。

①

私	と	弟	が	ソウル	まで	運転	します。
저《チョ》	하고《ハゴ》	동생《トンセン》	이《イ》	서울《ソウㇽ》	까지《ッカジ》	운전《ウンジョン》	합니다.《ハㇺニダ》

②

今日	の	授業	は	ここ	まで	です。
오늘《オヌㇽ》	의《エ》	수업《スオㇷ゚》	은《ウン》	여기《ヨギ》	까지《ッカジ》	입니다.《イㇺニダ》

③

明日	まで	美術館	で	展覧会	を	します。
내일《ネイㇽ》	까지《ッカジ》	미술관《ミスㇽグァン》	에서《エソ》	전람회《チョㇽラㇺフェ》	를《ルㇽ》	합니다.《ハㇺニダ》

④

私たち	に	は	時間	が	ありません。
우리《ウリ》	에게《エゲ》	는《ヌン》	시간《シガン》	이《イ》	없습니다.《オㇷ゚スㇺニダ》

⑤

市場	から	駅	まで	は	バス	も	あります。
시장《シジャン》	에서《エソ》	역《ヨク》	까지《ッカジ》	는《ヌン》	버스《ポス》	도《ド》	있습니다.《イッスムニダ》

⑥

その	人	は	社長	では	ありません。
그《ク》	사람《サラム》	은《ウン》	사장《サジャン》	이《イ》	아닙니다.《アニムニダ》

⑦

この	市場	で	は	明日	から	セール	が	あります。
이《イ》	시장《シジャン》	에서《エソ》	는《ヌン》	내일《ネイル》	부터《ブト》	세일《セイル》	이《イ》	있습니다.《イッスムニダ》

忘れていたら、ここを再確認!

～です／ます 입니다 ………… p.20
～します 합니다 ………… p.34
は・が・を・の 는·가·를·의 ………… p.40
～ではありません 가 아닙니다 ………… p.46
～ですか?／しますか? 입니까?/합니까? ………… p.50
こ・そ・あ・ど 이·그·저·어느 ………… p.56
あります／ありません 있습니다/없습니다 ………… p.60
と・も・に・で・から・まで 하고·도·에·에서·부터·까지 p.64

単語CHECK! CD 47

- □ 授業 수업《スオプ》
- □ 美術館 미술관《ミスルグァン》
- □ 展覧会 전람회《チョルラムフェ》
- □ 私たち 우리《ウリ》
- □ 市場 시장《シジャン》
- □ セール（バーゲン） 세일《セイル》

있습니다(イッスムニダ)の表現あれこれ

p.60で勉強した「**있습니다**（あります）」には、いろいろな使い方があります。大事な表現、日本語と似ていて興味深い表現をいくつか紹介しましょう。

おいしいです ⇔ **おいしくないです**

맛(이)《マシ》 있습니다《イッスムニダ》↔맛(이)《マシ》 없습니다《オァスムニダ》

「**맛**（マッ）」は「味」という意味の言葉。よって、直訳すると「味があります」となります。韓国では、「おいしい」を「味がある」と表現するのです。逆に**맛이 없습니다**は「味がない」、つまり「おいしくない」となります。なお、**이**は省略できます。

かっこいいです ⇔ **かっこわるいです**

멋(이)《モシ》 있습니다《イッスムニダ》↔멋(이)《モシ》 없습니다《オァスムニダ》

「**멋**（モッ）」は「粋」「趣」という意味。よって、**멋이 있습니다**は、日本語にするなら「かっこいい」「すてきだ」となります。間違えて「**배용준씨 맛이 있습니다**（ペヨンジュンさん、おいしいです）」と言ってしまう人が後を絶たないので、十分注意してください。一方、「無粋だ」「かっこわるい」は**멋이 없습니다**です。

しています

하고《ハゴ》 있습니다《イッスムニダ》

英語で習った「現在進行形」。日本語では「～しています」と言いますが、韓国語も同じ。**하다**（する）の語幹**하**に、「て」に当たる**고**を付け、そのあとに「います」**있습니다**と続けると、**하고 있습니다**（しています）となります。

マナーがあります ⇔ **マナーがありません**

매너가《メノガ》 있습니다《イッスムニダ》↔매너가《メノガ》 없습니다《オァスムニダ》

マナーを心得ている人のことを**매너가 있다**（マナーがある）、心得ていない人のことを**매너가 없다**（マナーがない）といいます。また、日本語と同じように「**매너가 좋다**（マナーが良い）」、「**매너가 나쁘다**（マナーが悪い）」という言い方もします。

※良い（**좋다**）、悪い（**나쁘다**）は、p.79を参照してください。

PART 3

じっくり基礎を固めよう

STEP 1

動詞・形容詞の基本

韓国語のしくみが理解できたところで、もう少し基本的な文法を勉強してみましょう。これまでは「～합니다」という形の動詞しか使いませんでしたが、ここでは「行きます」「食べます」のような動詞、そして形容詞までを勉強します。

学習ポイントと文法チェック

- 합니다《ハムニダ》の活用と同じ
- 語幹 +(습)니다《(ス)ムニダ》 = ～ます

学習POINT 基本は、합니다《ハムニダ》の活用と同じ

まずは、「行く」**가다**という単語で文章を作ってみましょう。**입니다**や**합니다**で見慣れた「**ㅂ니다**」がくっついているのがわかりますか?

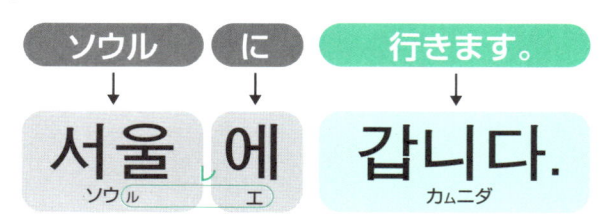

ソウル	に	行きます。
서울《ソウル》	에《エ》	갑니다.《カムニダ》

前のPARTで勉強した「てにをは」を使えば、以下のような文章も作れます。「食べる」**먹다**の語尾に「**있습니다**」で勉強した**습니다**が付いていますね。

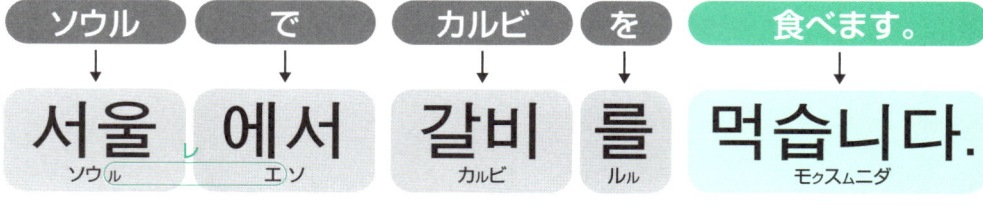

ソウル	で	カルビ	を	食べます。
서울《ソウル》	에서《エソ》	갈비《カルビ》	를《ルル》	먹습니다.《モクスムニダ》

今度は「暑いです」などの形容詞です。使い方はこれまで勉強した動詞とほとんど同じ。「暑い」**덥다**の語幹(右ページ「韓国語マメ知識」参照)「**덥**」に**습니다**が付くだけです。

韓国	の	夏	は	暑いです。
한국《ハングク》	의《エ》	여름《ヨルム》	은《ウン》	덥습니다.《トプスムニダ》

文法 CHECK

ㅂ니다《ムニダ》か습니다《スムニダ》を付けて、「ですます形」を作る

「運動します」운동합니다という文章を思い出してみましょう。「します」は「する」하다の다を取って「ます」ㅂ니다が付く、と勉強しました。하다以外の動詞・形容詞も基本は全く同じ。다の直前の文字(語幹)が母音で終わっていればㅂ니다、子音(パッチム)で終わっていれば습니다を付けます。

動詞	語幹(下の「韓国語マメ知識」参照)が母音で終わっている	行く 가다《カダ》	+ ます ㅂ니다《ムニダ》	→ 行きます 갑니다《カムニダ》
動詞	語幹が子音で終わっている	食べる 먹다《モクタ》	+ ます 습니다《スムニダ》	→ 食べます 먹습니다《モクスムニダ》
形容詞	語幹が母音で終わっている	大きい 크다《クダ》	+ です ㅂ니다《ムニダ》	→ 大きいです 큽니다《クムニダ》
形容詞	語幹が子音で終わっている	小さい 작다《チャクタ》	+ です 습니다《スムニダ》	→ 小さいです 작습니다《チャクスムニダ》

ちょこっと練習

以下の動詞・形容詞にㅂ니다/습니다を付けて、「ですます形」にしましょう。

① 読む 읽다 → 読みます □□□□

② 安い 싸다 → 安いです □□□

答え:
①읽습니다《イクスムニダ》
②쌉니다《ッサムニダ》

韓国語マメ知識

「語幹」とは何?

動詞や形容詞の原形から、最後の「다」を取ったものを「語幹」といいます。過去形、疑問文など、今後勉強が進むと頻繁に出てくるので、覚えておいてください。

行く 가다(原形) → 가(語幹)　　暑い 덥다(原形) → 덥(語幹)

書いてみよう

まず単語ごとに対応するハングルを、次は文章として書いてみましょう。
最後に、動詞·形容詞の原形を「ですます形」にしてみましょう。

練習 1 CDを聞きながら、単語を1つずつ書き取ってみましょう。

CD 48

①

ソウル	に	行きます。
서울《ソウル》	에《エ》	갑니다.《カムニダ》
서울	에	갑니다.

②

部屋	が	大きいです。
방《パン》	이《イ》	큽니다.《クムニダ》
방	이	큽니다.

③

ソウル	で	カルビ	を	食べます。
서울《ソウル》	에서《エソ》	갈비《カルビ》	를《ルル》	먹습니다.《モクスムニダ》
서울	에서	갈비	를	먹습니다.

練習 2 CDを聞きながら、分かち書き（→p.21）にも注意して、文章として書き取ってみましょう。

CD 49

① 雑誌を買います。

잡지를《チャプチルル》 삽니다.《サムニダ》

잡지를 삽니다.

② 服が安いです。

옷이《オシ》 쌉니다.《ッサムニダ》

옷이 쌉니다.

③ 韓国の夏は暑いです。

한국의《ハングゲ》 여름은《ヨルムン》 덥습니다.《トプスムニダ》

한국의 여름은 덥습니다.

練習3

動詞・形容詞を適切な形にして空欄を埋めたあと、できあがった文章を書きましょう。答えの音声はCDで確認してください。 CD 50

① 書く ＝ 쓰다《ッスダ》

ここ	に	は	名前	を	書きます。
여기	에	는	이름	을	

② 高い ＝ 비싸다《ピッサダ》

この	食堂	は	値段	が	高いです。
이	식당	은	가격	이	

③ 寒い ＝ 춥다《チュッタ》

ソウル	は	今日	も	寒いです。
서울	은	오늘	도	

単語CHECK! CD 51

□ カルビ 갈비《カルビ》	□ 暑い 덥다《トッタ》	□ 安い 싸다《ッサダ》	□ 値段（価格） 가격《カギョク》
□ 行く 가다《カダ》	□ 大きい 크다《クダ》	□ 服 옷《オッ》	□ 寒い 춥다《チュッタ》
□ 食べる 먹다《モクタ》	□ 小さい 작다《チャクタ》	□ 高い 비싸다《ピッサダ》	
□ 夏 여름《ヨルム》 (→p.115)	□ 読む 읽다《イクタ》	□ 書く 쓰다《ッスダ》	

練習3の答え: ①여기에는《ヨギエヌン》 이름을《イルムル》 씁니다《ッスムニダ》. ②이《イ》 식당은《シッタンウン》 가격이《カギョギ》 비쌉니다《ピッサムニダ》. ③서울은《ソウルン》 오늘도《オヌルド》 춥습니다《チュッスムニダ》.

単語マスター 5

これだけは覚えたい 動詞＆形容詞

韓国語の動詞や形容詞には、日本語と同じように星の数ほどの種類があります。ここでは、「まずはこれだけは覚えたい！」という単語を厳選しました。前のPARTに出てきた単語とあわせて、がんばって覚えてみましょう。

書いてみよう

まずは覚えておきたい動詞、次は形容詞を書いてみましょう。
「～します」「～です」という丁寧な形で練習します。

練習 1 CDを聞きながら、動詞を1つずつ書き取ってみましょう。

CD 2 52

①来ます 오다《オダ》(来る)	→	옵니다《オㇺニダ》	옵 니 다
②飲みます 마시다《マシダ》(飲む)	→	마십니다《マシㇺニダ》	마 십 니 다
③着ます 입다《イㇷ゚タ》(着る)	→	입습니다《イㇷ゚スㇺニダ》	입 습 니 다
④買います 사다《サダ》(買う)	→	삽니다《サㇺニダ》	삽 니 다
⑤見ます 보다《ポダ》(見る)	→	봅니다《ポㇺニダ》	봅 니 다
⑥聞きます 듣다《トゥッタ》(聞く)	→	듣습니다《トゥッスㇺニダ》	듣 습 니 다
⑦乗ります 타다《タダ》(乗る)	→	탑니다《タㇺニダ》	탑 니 다
⑧遊びます 놀다《ノㇽタ》(遊ぶ)	→	놉니다《ノㇺニダ》 ※	놉 니 다

※ ㄹ語幹（→右ページ「韓国語マメ知識」参照）

練習 2 CDを聞きながら、形容詞を1つずつ書き取ってみましょう。 CD 53

①多いです 많다《マンタ》(多い)	→	많습니다《マンスムニダ》
②少ないです 적다《チョㇰタ》(少ない)	→	적습니다《チョㇰスムニダ》
③広いです 넓다《ノㇷ゚タ》(広い)	→	넓습니다《ノㇷ゚スムニダ》
④狭いです 좁다《チョㇷ゚タ》(狭い)	→	좁습니다《チョㇷ゚スムニダ》
⑤長いです 길다《キルタ》(長い)	→	깁니다※《キムニダ》
⑥短いです 짧다《ッチャㇷ゚タ》(短い)	→	짧습니다《ッチャㇷ゚スムニダ》
⑦良いです 좋다《チョッタ》(良い)	→	좋습니다《チョッスムニダ》
⑧悪いです 나쁘다《ナップダ》(悪い)	→	나쁩니다《ナップムニダ》

※ㄹ語幹（→下の「韓国語マメ知識」参照）

韓国語マメ知識

変則活用①：ㄹ語幹

ここからは、規則に当てはまらない変則活用が登場します。まず最初に覚えたいのが「ㄹ語幹」。本来、語幹（→p.75）の最後が子音（パッチム）で終わっていると**습니다**が付きますが、このパッチムがㄹの場合、**다**と一緒にㄹパッチムまで消えてしまい、**ㅂ니다**が付くという現象が起こります。

遊ぶ 놀다 … 노 ＋ ㅂ니다 → 놉니다 遊びます

（ㄹごと消える）

STEP 2

うちとけた話し言葉

ここまで勉強してきたㅂ니다（ムニダ）という言い方は、日本語の「〜でございます」「〜いたします」というくらい堅い表現です。普段、親しい人と話すときは、〜요（ヨ）という、うちとけた言い方を使います。

文法チェック

- 〜요《ヨ》で終わるのが話し言葉
- 陽母音と陰母音を覚えよう
- 独特の活用하다《ハダ》

文法CHECK 1 「名詞＋です」は、パッチムの有無で変わる

名詞	＋ です	
남자《ナムジャ》	예요《エヨ》	男です
名詞の最後が母音		
학생《ハッセン》	이에요《イエヨ》	学生です
名詞の最後が子音（パッチム）		

※예요の発音は本来「イェヨ」ですが、現在は「エヨ」と発音されます。

まずは、p.20で勉強した「名詞＋です」という文章を話し言葉にする方法。直前の名詞が母音で終わっている場合は예요（エヨ）※、子音（パッチム）で終わっている場合は이에요（イエヨ）を使います。

この形は、そのまま語尾に「？」を付けるだけで疑問文になるので便利です。語尾を上げて言うだけでOKです。

학생《ハッセン》이에요《イエヨ》？　学生ですか？

ちょこっと練習

以下の名詞のあとに예요/이에요を書き込んで、文章を完成させましょう。

① カルビです。 갈비 ＿＿.

② 机です。 책상 ＿＿.

答え：
①갈비예요.《カルビエヨ》
②책상이에요.《チェッサンイエヨ》

文法 CHECK 2 動詞・形容詞は、語幹の母音で形が変わる

原形	語幹 + ます			
살다 生きる	→ 살《サル》	아요《アヨ》	살아요《サラヨ》	生きます
	語幹の最後の母音がㅏ ㅑ ㅗ ㅛ（陽母音）			
먹다 食べる	→ 먹《モク》	어요《オヨ》	먹어요《モゴヨ》	食べます
	語幹の最後の母音がㅏ ㅑ ㅗ ㅛ以外（陰母音）			

아요（アヨ）／어요（オヨ）は、動詞や形容詞にくっついて、「ですます形」のうちとけた話し言葉を作ります。動詞・形容詞の語幹の最後の母音が陽母音（ㅏ, ㅑ, ㅗ, ㅛ）の場合は아요を、陰母音（それ以外）の場合は어요を使います。

陽母音	陰母音
ㅏ ㅑ ㅗ ㅛ	ㅓ ㅕ ㅜ ㅠ ㅡ ㅣ

まずは陽母音、特にㅏとㅗを覚えるようにしましょう。

母音で終わる単語に付く場合は、次のように縮まったり、音が変化します。

行く 가다 ＋아요 → 가요（カヨ）
来る 오다 ＋아요 → 와요（ワヨ）
飲む 마시다 ＋어요 → 마셔요（マショヨ）

ちょこっと練習

以下の単語の原形を、아요/어요を使って話し言葉にしましょう。

① 多い 많다 → 多いです
② 読む 읽다 → 読みます
③ 通う 다니다 → 通います

答え：
①많아요《マナヨ》
②읽어요《イルゴヨ》
③다녀요《タニョヨ》

文法 CHECK 3 하다《ハダ》には独特の活用がある

	原形		話し言葉	
動詞	노력하다《ノリョㇰハダ》	→	노력해요《ノリョㇰヘヨ》	努力します
形容詞	딱딱하다《ッタッタㇰハダ》	→	딱딱해요《ッタッタㇰヘヨ》	硬いです

動詞や形容詞の「～하다(ハダ)」は、陽母音·陰母音といったこととは無関係に、必ず「～해요(ヘヨ)」という形に活用します。もちろんこれも、語尾に「?」を付ければ（語尾を上げれば）そのまま疑問文になります。

공부해요?《コンブヘヨ》 勉強しますか?

ちょこっと練習

하다のうちとけた表現を使って、文章を完成させましょう。

① 食事します。 식사 [　][　].

② 案内します。 안내 [　][　].

③ 幸福です。 행복 [　][　].

答え:
①식사해요.《シㇰサヘヨ》
②안내해요.《アンネヘヨ》
③행복해요.《ヘンボㇰヘヨ》

韓国語マメ知識 変則活用②：ㅂ変則

ぜひとも覚えたい変則活用の1つが「ㅂ変則」。形容詞には、語幹の最後がㅂパッチムの単語が多く、ほとんどがㅂ変則です。ㅂ変則は아요/어요などの活用をするとき、ㅂが우に変化し、어요と合体して워요となります。

原形
맵다《メㇷ゚タ》(辛い) → 매우 + 어요 = 매워요《メウォヨ》(辛いです)

（우：ㅂが変化）（어：合体するのは必ず어）

うちとけた話し言葉 活用表

最初はちょっと面倒な話し言葉ですが、陽母音と陰母音さえ覚えれば、疑問文も同じ形なので、むしろカンタン。無理せず少しずつ覚えていきましょう。

品詞	区分	語		語尾		活用	備考
名詞	語尾が母音	学校 학교《ハッキョ》	＋	です 예요《エヨ》	→	学校です 학교예요《ハッキョエヨ》	
名詞	語尾が子音	学生 학생《ハㇰセン》	＋	です 이에요《イエヨ》	→	学生です 학생이에요《ハㇰセンイエヨ》	
動詞・形容詞	陽母音	出る 나가다《ナガダ》	＋	ます 아요《アヨ》	→	出ます 나가요《ナガヨ》	나가아요が縮まって나가요
動詞・形容詞	陽母音	生きる 살다《サルダ》	＋	ます 아요《アヨ》	→	生きます 살아요《サラヨ》	「住みます」の意味もあり
動詞・形容詞	陰母音	立つ 서다《ソダ》	＋	ます 어요《オヨ》	→	立ちます 서요《ソヨ》	서어요が縮まって서요
動詞・形容詞	陰母音	食べる 먹다《モㇰタ》	＋	ます 어요《オヨ》	→	食べます 먹어요《モゴヨ》	
動詞・形容詞	陰母音	飲む 마시다《マシダ》	＋	ます 어요《オヨ》	→	飲みます 마셔요《マショヨ》	마시어요が縮まって마셔요
動詞・形容詞	하다	する 하다《ハダ》			→	します 해요《ヘヨ》	하다だけの特別な活用

韓国語 マメ知識

変則活用③：ㄷ変則

もう1つ、大事な変則活用を勉強しましょう。語幹の最後がㄷパッチムの動詞のいくつかは、아요/어요などの活用をするとき、ㄷがㄹに変化します。ただし、ㄷパッチムで終わる動詞がすべて変則活用するわけではありません※。

原形
듣다《トゥッタ》(聞く) → 들 ＋ 어요 ＝ 들어요《トゥロヨ》(聞きます)
↑
ㄷがㄹに変化

※まずは듣다のほか、以下の単語だけ覚えておきましょう。

尋ねる　묻다→물어요
歩く　걷다→걸어요

書いてみよう

このSTEPの文章は話し言葉なので、書くだけでなく、発音することも大事です。CDをよく聞いて、抑揚も真似しながら、声に出してみましょう。

練習 1 CDを聞きながら、単語を1つずつ書き取ってみましょう。

CD 54

①

この	映画	が	面白いです。
이《イ》	영화《ヨンファ》	가《ガ》	재미있어요.《チェミイッソヨ》
이	영화	가	재미있어요.

②

これ	は	お酒	です。
이것《イゴッ》	은《ウン》	술《スル》	이에요.《イエヨ》
이것	은	술	이에요.

③

私	は	男	です。
저《チョ》	는《ヌン》	남자《ナムジャ》	예요.《エヨ》
저	는	남자	예요.

④

朝	に	は	ご飯	を	食べます。
아침《アッチム》	에《エ》	는《ヌン》	밥《パプ》	을《ウル》	먹어요.《モゴヨ》
아침	에	는	밥	을	먹어요.

⑤

日本	に	電話	します。
일본《イルボン》	에《エ》	전화《チョヌァ》	해요.《ヘヨ》
일본	에	전화	해요.

⑥

プレゼント	を	受け取ります。
선물《ソンムル》	을《ウル》	받아요.《パダヨ》
선물	을	받아요.

練習 2 CDを聞きながら、分かち書き（→p.21）にも注意して、文章として書き取ってみましょう。 CD 55

① 韓国は初めてです。

한국은《ハンググン》 처음이에요《チョウミエヨ》.

한국은 처음이에요.

② 次の汽車に乗りますか？

다음《タウㇺ》 기차를《キチャルㇽ》 타요《タヨ》?

다음 기차를 타요?

③ 日曜日は朝からお酒を飲みます。

일요일은《イリョイルン》 아침부터《アッチㇺブト》 술을《スルㇽ》 마셔요《マショヨ》.

일요일은 아침부터 술을 마셔요.

④ 今日は昨日より暑いです。

오늘은《オヌルン》 어제보다《オジェボダ》 더워요《トウォヨ》.

오늘은 어제보다 더워요.

単語CHECK! CD 56

□ 机 책상《チェㇰサン》	□ 辛い 맵다《メㇷ゚タ》	□ ご飯 밥《パㇷ゚》	□ 日曜日 일요일《イリョイㇽ》 (→p.114)
□ 生きる·住む 살다《サㇽダ》	□ 出る 나가다《ナガダ》	□ プレゼント（贈り物） 선물《ソンムㇽ》	□ 昨日 어제《オジェ》 (→p.113)
□ 通う 다니다《タニダ》	□ 立つ 서다《ソダ》	□ 受け取る 받다《パッタ》	□ ～より 보다《ポダ》
□ 硬い 딱딱하다《ッタㇰッタㇰハダ》	□ お酒 술《スㇽ》	□ 初めて 처음《チョウㇺ》	
□ 幸福 행복《ヘンボㇰ》	□ 朝 아침《アッチㇺ》 (→p.112)	□ 次（の） 다음《タウㇺ》	

STEP 3

動詞・形容詞の過去形「〜ました」

いよいよ時制を勉強します。過去形はとてもカンタンです。というのも、前のSTEP「うちとけた話し言葉」のルールをちょっと応用すればよいのです。まずは、動詞・形容詞の文章を過去形にしてみましょう。

学習ポイントと文法チェック

- 陽母音・陰母音が重要
- 過去を表す았《アッ》／었《オッ》

学習POINT 陽母音・陰母音さえ覚えていればすぐわかる

さっそく、過去形の文章を見てみましょう。먹(다)と습니다の間に、初めて見る文字が挟まっています。

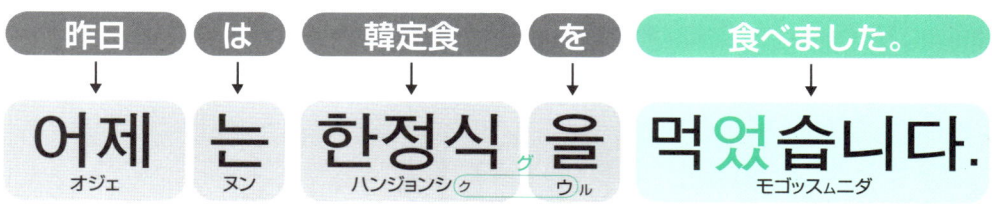

昨日	は	韓定食	を	食べました。
어제《オジェ》	는《ヌン》	한정식《ハンジョンシク》	을《ウル》	먹었습니다.《モゴッスムニダ》

もう1つ見てみましょう。挟まっている文字が、上の文章とはちょっと違います。どうして違う文字を使うかわかりますか? ヒントは「陽母音・陰母音」です。

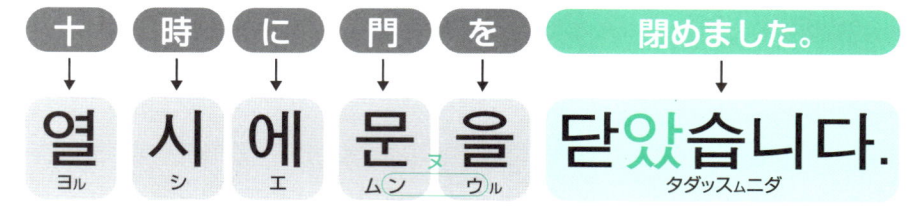

十	時	に	門	を	閉めました。
열《ヨル》	시《シ》	에《エ》	문《ムン》	을《ウル》	닫았습니다.《タダッスムニダ》

今度は形容詞ですが、ルールは動詞と全く同じ。疑問文もp.50で勉強したとおりの方法で作ることができます。

この	映画	は	良かったですか?
이《イ》	영화《ヨンファ》	는《ヌン》	좋았습니까?《チョアッスムニッカ》

文法CHECK 았《アッ》／었《オッ》は過去を表すキーワード

陽母音

原形：밝다（明るい）
語幹 + でした／ました
밝《パルク》 + 았습니다《アッスムニダ》 → 明るかったです 밝았습니다《パルガッスムニダ》
語幹の最後の母音がㅏ ㅑ ㅗ ㅛ（陽母音）

陰母音

原形：먹다（食べる）
語幹 + でした／ました
만들《マンドゥル》 + 었습니다《オッスムニダ》 → 作りました 만들었습니다《マンドゥロッスムニダ》
語幹の最後の母音がㅏ ㅑ ㅗ ㅛ以外（陰母音）

하다

原形：연습하다（練習する）
연습했습니다《ヨンスプッスムニダ》 ＝ 練習しました 연습했습니다《ヨンスプッスムニダ》
↑하다は必ず했습니다

過去形は、「うちとけた話し言葉」（→p.80）のルールがそのまま当てはまります。つまり、話し言葉で아요が付く単語には았습니다を、어요が付く単語には었습니다を付ければいいのです。

ちょこっと練習

以下の動詞・形容詞を過去形にしましょう。

① 座る　座りました。
앉다 → 앉□□□□.

② 長い　長かったです。
길다 → 길□□□□.

答え：
①앉았습니다.《アンジャッスムニダ》
②길었습니다.《キロッスムニダ》

韓国語マメ知識　話し言葉を過去形にするには

うちとけた話し言葉の過去形を作るのは実にカンタン。았습니다/었습니다/했습니다の습니다を例外なく어요に取り替えるだけです。

食べました
먹었습니다《モゴッスムニダ》 → 먹었어요《モゴッソヨ》

行きました
갔습니다《カッスムニダ》 → 갔어요《カッソヨ》

書いてみよう

陽母音と陰母音に注意をはらいながら、1つ1つ丁寧に書き取ってみましょう。

練習 1

CDを聞きながら、単語を1つずつ書き取ってみましょう。

CD 57

①

昨日	は	韓定食	を	食べました。
어제《オジェ》	는《ヌン》	한정식《ハンジョンシㇰ》 グ	을《ウㇽ》	먹었습니다.《モゴッスㇺニダ》
어제	는	한정식	을	먹었습니다.

②

この	映画	は	良かったですか?
이《イ》	영화《ヨンファ》	는《ヌン》	좋았습니까?《チョアッスㇺニッカ》
이	영화	는	좋았습니까?

練習 2

CDを聞きながら、文章として書き取ってみましょう。

CD 58

① 明るかったです。

밝았습니다.《パㇽガッスㇺニダ》

밝았습니다.

② 暗かったです。

어두웠습니다.《オドゥウォッスㇺニダ》

어두웠습니다.

③ 作りましたか?

만들었습니까?《マンドゥロッスㇺニッカ》

만들었습니까?

④ 練習しました。 ＊話し言葉で

연습했어요.《ヨンスㇷ゚ヘッソヨ》

연습했어요.

練習 3

3人が昨日したことが描かれているイラストと、その下の語群を見て、それぞれが何をしたかを過去形で書いてみましょう。
答えの音声はCDで確認してください。

CD 59

㊎ 原田さんは、何をしましたか?
→野球をしました。

야구《ヤグ》 를《を》《ルル》 했습니다《ヘッスムニダ》.

① デソクさんは、どこで何をしましたか?

＿＿ 에서《で》 ＿＿.

② ユジョンさんは、どこで何をしましたか?

＿＿ 에서《で》 ＿＿ 을《を》 ＿＿.

する 하다	野球 야구
遊ぶ 놀다	遊園地 유원지
食べる 먹다	食堂 식당
	寿司 초밥

単語CHECK!

CD 60

□ 韓定食 한정식《ハンジョンシク》	□ 閉める 닫다《タッタ》	□ 座る 앉다《アンタ》	□ 寿司 초밥《チョバプ》
□ 十時 열《ヨル》 시《シ》 (→p.107)	□ 明るい 밝다《パクタ》	□ 暗い 어둡다《オドゥプタ》 (ㅂ変則→p.82)	□ 遊園地 유원지《ユウォンジ》
□ 門 문《ムン》	□ 作る 만들다《マンドゥルダ》	□ 野球 야구《ヤグ》	

練習3の答え: ①유원지에서《ユウォンジエソ》 놀았습니다《ノラッスムニダ》.(遊園地で遊びました。)
②식당에서《シッタンエソ》 초밥을《チョバプル》 먹었습니다《モゴッスムニダ》.(食堂で寿司を食べました。)

STEP 4

名詞文の過去形「～でした」

いちばん最初に勉強した「～です」입니다は現在形でした。今度はこれを過去形にしてみましょう。といっても、とくに新しく覚えるルールはありません。ここまでに覚えた文法を使えば、すぐに過去形が作れます。

学習ポイントと文法チェック

- **直前の名詞の語尾に注目**
- **였습니다《ヨッスムニダ》/이었습니다《イオッスムニダ》 ＝～でした**

学習POINT 直前の語尾によって形が変わる

現在形は、どんな場合でも必ず**입니다**でしたが、過去形では、直前の名詞の語尾によって、少し形が変わります。まずは、直前の語尾が母音の場合です。

父	は	俳優	でした。
아버지《アボジ》	는《ヌン》	배우《ペウ》	였습니다.《ヨッスムニダ》

もう1つは、直前の語尾がパッチムの場合です。この場合は、前のSTEPで勉強した**었습니다**が出てきます。

この	映画	は	感動的	でした。
이《イ》	영화《ヨンファ》	는《ヌン》	감동적《カムドンチョク》	이었습니다.《ギ イオッスムニダ》

もちろん、うちとけた話し言葉もあります。その作り方はp.87の「韓国語マメ知識」で説明したとおり、単純に**습니다**を**어요**に替えるだけです。

昨日	は	友だち(の)	誕生日	でした。
어제《オジェ》	는《ヌン》	친구《チング》	생일《センイル》	이었어요.《リ イオッソヨ》

文法CHECK よく見れば一般動詞と同じ活用

名詞	+ でした	
축구《チュック》선수《ソンス》	였습니다《ヨッスㇺニダ》	サッカー選手でした
名詞の最後が母音		
결혼식《キョロンシㇰ》	이었습니다《イオッスㇺニダ》	結婚式でした
名詞の最後が子音（パッチム）		

「〜です」입니다の原形は이다。過去形「〜でした」はこの이다をp.87で説明したとおりに活用すればよいのです。이다の이は陰母音なので「이＋었습니다」となり、母音語幹の名詞の後では発音が縮まり였습니다となります。子音語幹の名詞に付く場合は、이었습니다のまま使います。

話し言葉にするには、どちらの場合でも습니다を어요に替えるだけです。

教科書でした。

교과서였습니다《キョグァソヨッスㇺニダ》.

↓

교과서였어요《キョグァソヨッソヨ》.

誕生日でした。

생일이었습니다《センイリオッスㇺニダ》.

↓

생일이었어요《センイリオッソヨ》.

ちょこっと練習

名詞の語尾に注意して、過去形の名詞文にしましょう。

①りんごでした。 사과□□□다.

②みかんでした。 귤□□□□다.

③ぶどうでした。（話し言葉で） 포도□□요.

④柿でした。（話し言葉で） 감□□□요.

答え：
①사과였습니다《サグァヨッスㇺニダ》.
②귤이었습니다《キュリオッスㇺニダ》.
③포도였어요《ポドヨッソヨ》.
④감이었어요《カミオッソヨ》.

書いてみよう

였습니다/이었습니다はちょっと紛らわしいので、直前の名詞をしっかり確認して、間違えないようにしましょう。

練習 1

CDを聞きながら、単語を1つずつ書き取ってみましょう。

CD 61

①

父	は	俳優	でした。
아버지《アボジ》	는《ヌン》	배우《ペウ》	였습니다.《ヨッスムニダ》
아버지	는	배우	였습니다.

②

この	映画	は	感動的	でした。
이《イ》	영화《ヨンファ》	는《ヌン》	감동적《カムドンチョク》 ギ	이었습니다.《イオッスムニダ》
이	영화	는	감동적	이었습니다.

練習 2

CDを聞きながら、分かち書き（→p.21）にも注意して、文章として書き取ってみましょう。

CD 62

① 昨日は結婚式でした。

어제는《オジェヌン》 결혼식이었습니다.《キョロンシギオッスムニダ》

어제는 결혼식이었습니다.

② サッカー選手でした。

축구선수였습니다.《チュックソンスヨッスムニダ》

축구선수였습니다.

③ 私の教科書でした。 ＊話し言葉で

제《チェ》 교과서였어요.《キョグァソヨッソヨ》

제 교과서였어요.

練習3

3人の子供の頃の夢が描かれたイラストと、その下の語群を見て、それぞれの夢を「〜でした」という過去形で書いてみましょう。答えの音声はCDで確認してください。

CD 63

㊎ 原田さんの夢は、何でしたか?

→歌手でした。

가수였습니다《カスヨッスムニダ》.

① ユジョンさんの夢は、何でしたか?

.

② デソクさんの夢は、何でしたか?

.

歌手
가수

美容師
미용사

大統領
대통령

単語CHECK!

CD 64

□ 俳優	배우《ペウ》	□ 選手	선수《ソンス》	□ 柿	감《カム》
□ 感動的	감동적《カムドンチョク》	□ 結婚式	결혼식《キョロンシク》	□ 美容師	미용사《ミヨンサ》
□ 誕生日	생일《センイル》	□ 教科書	교과서《キョグァソ》	□ 歌手	가수《カス》
□ サッカー	축구《チュック》	□ みかん	귤《キュル》		

練習3の答え: ①미용사였습니다《ミヨンサヨッスムニダ》.(美容師でした。) ②대통령이었습니다《テトンニョンイオッスムニダ》.(大統領でした。)

STEP 5

疑問詞「何？ 誰？ いつ？ なぜ？」

p.50では疑問文を勉強しましたが、ここではその疑問文でよく使う「何？」「なぜ？」などの疑問詞を勉強します。話し言葉では短縮して使うものなどもありますが、とにかくそのまま覚えてしまいましょう。

文法チェック

● 何＝무엇《ムオッ》　誰＝누구《ヌグ》
どこ＝어디《オディ》　いつ＝언제《オンジェ》
なぜ＝왜《ウェ》　どのように＝어떻게《オットケ》

文法CHECK そのまま覚えたい疑問詞

何＝무엇《ムオッ》

＊ 縮約形は뭐《ムォ》

무엇 (ムオッ) は英語の「what」と同じ意味の言葉です。話し言葉では**뭐** (ムォ) と縮めて言うことが多く、「何を」は**뭘** (ムオル) と、助詞まで縮めてしまう場合もあります。

何を食べますか？　무엇을《ムオスル》 먹습니까?《モクスムニッカ》

何ですか？　무엇입니까?《ムオシムニッカ》/뭐예요?《ムォエヨ》

誰＝누구《ヌグ》

＊「誰が」は누가《ヌガ》

누구 (ヌグ) は英語の「who」に当たる言葉です。少し注意が必要なのは「誰が」と「が」を付けて言うときです。本来は누구가のはずですが、現在は発音が縮まって누가と言います。

誰が優勝しましたか？　누가《ヌガ》 우승했습니까?《ウースンヘッスムニッカ》

誰ですか？　누구입니까?《ヌグイムニッカ》/누구예요?《ヌグエヨ》

どこ＝어디《オディ》

p.56の「こそあど言葉」でも少し勉強しましたが、어디 (オディ) は、英語の「where」に当たる言葉です。

どこへ行きましたか？　어디에《オディエ》 갔습니까?《カッスムニッカ》

いつ＝언제《オンジェ》

언제（オンジェ）は英語の「when」に当たる言葉です。これは、発音が縮まったりすることはありませんので、単純に暗記してしまいましょう。

いつ韓国に来ますか？　언제《オンジェ》 한국에《ハングゲ》 옵니까《オムニッカ》?

いつでしたか？　언제였습니까《オンジェヨッスムニッカ》?

なぜ＝왜《ウェ》

왜（ウェ）は英語の「why」に当たる言葉です。

なぜヒジョンさんを好きなのですか？　왜《ウェ》 희정씨를《ヒジョンッシルル》 좋아합니까《チョアハムニッカ》?

どのように＝어떻게《オットケ》

英語なら「how」、日本語に訳すと「どのように」という意味の単語です。実際には「どうして」といったニュアンスもあり、さまざまな場面で使われます。

どうやって行くのですか？　어떻게《オットケ》 갑니까《カムニッカ》?

どうしてわかったのですか？　어떻게《オットケ》 알았습니까《アラッスムニッカ》?

ちょこっと練習

空欄に疑問詞を入れて、文章を完成させましょう。

① 何がありますか？（縮約形で）　□가 있습니까?

② 誰を見ましたか？　□□를 봤습니까?

③ いつ聞きましたか？　□□ 들었습니까?

④ なぜ話しましたか？　□ 말했습니까?

⑤ どうやって来ましたか？　□□□ 왔습니까?

答え：
①뭐가《ムォガ》 있습니까《イッスムニッカ》?
②누구를《ヌグルル》 봤습니까《パッスムニッカ》?
③언제《オンジェ》 들었습니까《トゥロッスムニッカ》?
④왜《ウェ》 말했습니까《マレッスムニッカ》?
⑤어떻게《オットケ》 왔습니까《ワッスムニッカ》?

書いてみよう

まず単語ごとに対応するハングルを、次は文章として書いてみましょう。
最後に、単語を使って疑問文にしてみましょう。

練習 1

CDを聞きながら、単語を1つずつ書き取ってみましょう。 CD 65

① 何 / を / 食べますか?

무엇《ムオッ》 을《ウル》 먹습니까?《モクスムニッカ》

무엇 을 먹습니까?

② いつ / 聞きましたか?

언제《オンジェ》 들었습니까?《トゥロッスムニッカ》

언제 들었습니까?

③ 誰が / 優勝 / しましたか?

누가《ヌガ》 우승《ウースン》 했습니까?《ヘッスムニッカ》

누가 우승 했습니까?

④ なぜ / 話しましたか?

왜《ウェ》 말했습니까?《マレッスムニッカ》

왜 말했습니까?

練習 2

CDを聞きながら、分かち書き（→p.21）にも注意して、
文章として書き取ってみましょう。 CD 66

① 何がありますか？

뭐가《ムォガ》 있습니까?《イッスムニッカ》

뭐가 있습니까?

② いつ韓国に来ますか？

언제《オンジェ》 한국에《ハングゲ》 옵니까?《オムニッカ》

언제 한국에 옵니까?

③ 誰を見ましたか？

누구를《ヌグルル》 봤습니까?《パッスムニッカ》

누구를 봤습니까?

④ なぜ彼を好きなのですか？

왜《ウェ》 그를《クルル》 좋아합니까?《チョアハムニッカ》

왜 그를 좋아합니까?

練習3 各設問の単語を使って、「～しましたか？」という疑問文を作りましょう。次に、できあがった文章を書きましょう。（助詞についてはp.67を参照）答えの音声はCDで確認してください。 CD 67

㊄ **ヒント:** いつ＝언제　起きる＝일어나다
→いつ起きましたか？

언제《オンジェ》 일어났습니까?《イロナッスムニッカ》

① **ヒント:** 誰が＝누가　韓国＝한국　留学する＝유학가다
→誰が韓国に留学しましたか？

＿＿ 한국 에 ＿＿ ?

② **ヒント:** 何＝무엇　大学＝대학교　勉強する＝공부하다
→大学で何を勉強しましたか？

대학교 에서 ＿＿ ＿＿ ?

韓国語マメ知識 オットケちゃん

p.95にも書いたとおり、「어떻게（オットケ）」にはさまざまなニュアンスがあります。「어떻게　왔습니까?（オットケ　ワッスムニッカ）」と言うと、「どうやって来たのですか?」という意味もありますが、「どんな用件で来たのですか?」と、「Why」に近い意味でも使われます。また、若者の間では「オットケ～」と叫ぶ?のが大流行。日本語なら、「えー!」「どうしよう?」くらいのニュアンスでしょうか。日本で人気の韓国人タレントYさんの口癖としても有名で、日本の友人から「オットケちゃん」というニックネームをもらったとか。

単語CHECK! CD 68

- □ 優勝　우승《ウースン》
- □ 好きだ　좋아하다《チョアハダ》
- □ 話す　말하다《マラダ》
- □ 起きる　일어나다《イロナダ》
- □ 留学する　유학가다《ユーハッカダ》

練習3の答え: ①누가《ヌガ》 한국에《ハングゲ》 유학갔습니까?《ユーハッカッスムニッカ》 ②대학교에서《テハッキョエソ》 무엇을《ムオスル》 공부했습니까?《コンブヘッスムニッカ》

STEP 6

動詞・形容詞の否定形「～しません」

PART 2では名詞文の否定形「～ではありません」しか勉強していませんでした。ここでは「～しません」など、動詞や形容詞を使った否定文を勉強します。これを覚えれば、文法の基礎はだいたいマスターしたことになります。

学習ポイントと文法チェック

- 動詞も形容詞も活用は同じ
- 語幹 ＋ ～지《チ／ジ》 않습니다《アンスムニダ》.
  ＝ ～ません

学習POINT 動詞も形容詞も活用は同じ

まずは、動詞の否定形です。「起きる」**일어나다**という動詞を使った否定文を見てください。作り方を考えてみましょう。

朝	まで	起き	ません。
↓	↓	↓	↓
아침《アッチム》	까지《ッカジ》	일어나지《イロナジ》	않습니다《アンスムニダ》.

形容詞も作り方は全く同じです。「高い」**비싸다**という形容詞で否定文を作ってみます。上の「起きません」と同じしくみであることがわかりますか?

物価	は	高く	ありません。
↓	↓	↓	↓
물가《ムルカ》	는《ヌン》	비싸지《ピッサジ》	않습니다《アンスムニダ》.

日本語では「～しませんか?」「～ではありませんか?」という否定疑問文を使いますが、韓国語でも使います。

最近	仕事	が	忙しく	ないですか?
↓	↓	↓	↓	↓
요즘《ヨジュム》	일《イル》	이《イ》	바쁘지《パップジ》	않습니까《アンスムニッカ》?

（일 이：リ）

文法CHECK 語幹 + 지《チ／ジ》 않습니다《アンスムニダ》 例外的な活用はなし

原形		語幹 + ません	
달리다《タルリダ》 走る	→	달리《タルリ》 지《ジ》 않습니다《アンスムニダ》	走りません
예쁘다《イェップダ》 きれい	→	예쁘《イェップ》 지《ジ》 않습니다《アンスムニダ》	きれいではありません

↑語幹に単純に「지 않습니다」を付けるだけ

動詞·形容詞の原形から**다**を取った形（語幹）に**지 않습니다**を付ければ、否定形になります。また、語尾を**까?**にすれば疑問文になり、**않았습니다**にすれば過去否定文になります。

否定疑問文

歩いて行かないんですか?

걸어가지《コロガジ》 않습니까《アンスムニッカ》?

過去否定文

安くなかったです。

싸지《ッサジ》 않았습니다《アナッスムニダ》.

ちょこっと練習

空欄を埋めて、文章を完成させましょう。

① 登りません。 오르 [　] [　　　　].

② 痛くありません。 아프 [　] [　　　　].

答え:
①오르지《オルジ》 않습니다《アンスムニダ》.
②아프지《アップジ》 않습니다《アンスムニダ》.

韓国語マメ知識 もう1つの否定形

否定形にはもう1つ「**안**」を使った表現もあります。これは動詞の前に**안**を付けるだけ。きわめて単純なものですが、話し言葉で使われる表現です。**하다**動詞では、**하다**の直前に**안**を置く、ということだけ注意してください。

〜しません　안《アン》 먹습니다《モㇰスムニダ》 (안《アン》 먹어요《モゴヨ》)

하다動詞の場合　공부《コンブ》 안《アン》 합니다《(ナ)ハㇺニダ》 (공부《コンブ》 안《アン》 해요《(ネ)ヘヨ》)

書いてみよう

話し言葉では「안否定」も多く使われますが、まずは**지 않습니다**をしっかりマスターしましょう。声に出して読み、手で繰り返し書くことが大切です。

練習 1 CDを聞きながら、単語を1つずつ書き取ってみましょう。

CD 69

①

朝	まで	起き	ません。
아침《アッチム》	까지《ッカジ》	일어나지《イロナジ》	않습니다.《アンスムニダ》
아침	까지	일어나지	않습니다.

②

最近	仕事	が	忙しく	ないですか？
요즘《ヨジュム》	일《イル》	이《イ》	바쁘지《パップジ》	않습니까?《アンスムニッカ》
요즘	일	이	바쁘지	않습니까?

練習 2 CDを聞きながら、分かち書き（→p.21）にも注意して、文章として書き取ってみましょう。

CD 70

① 走りません。

달리지《タルリジ》 않습니다.《アンスムニダ》

달리지 않습니다.

② 歩いて行かないんですか？

걸어가지《コロガジ》 않습니까?《アンスムニッカ》

걸어가지 않습니까?

③ きれいではありません。

예쁘지《イェップジ》 않습니다.《アンスムニダ》

예쁘지 않습니다.

④ 安くなかったです。

싸지《ッサジ》 않았습니다.《アナッスムニダ》

싸지 않았습니다.

練習 3

以下のやりとりを見て、空欄を埋め、文章を完成させましょう。
答えの音声はCDで確認してください。

CD 71

例 서울은《ソウルン》 따뜻합니까《ッタットゥッタムニッカ》?（ソウルは暖かいですか?） **ヒント:** 暖かい ＝ 따뜻하다

→いいえ、ソウルは暖かくないです。

아뇨《アニョ》, 서울은《ソウルン》 따뜻하지《ッタットゥッタジ》 않습니다《アンスムニダ》.

① ちょっと味がおかしくないですか? **ヒント:** 味 ＝ 맛　おかしい ＝ 이상하다

좀 ＿＿ ＿＿ ＿＿?

→네《ネー》, 좀《チョム》 맛이《マシ》 이상합니다《イサンハムニダ》.（はい、ちょっと味がおかしいです。）

② 교실에《キョシレ》 들어갔습니까《トゥロガッスムニッカ》?（教室に入りましたか?） **ヒント:** 入る ＝ 들어가다

→教室には入りませんでした。

교실에는 ＿＿ ＿＿.

単語CHECK!

CD 72

□ 物価　물가《ムルカ》	□ 美しい　예쁘다《イェップダ》	□ 登る　오르다《オルダ》	□ 味　맛《マッ》
□ 最近　요즘《ヨジュム》	□ 歩いて行く　걸어가다《コロガダ》	□ 痛い　아프다《アップダ》	□ おかしい（異常だ）　이상하다《イサンハダ》
□ 忙しい　바쁘다《パップダ》	□ 走る　달리다《タルリダ》	□ 暖かい　따뜻하다《ッタットゥッタダ》	□ 入る　들어가다《トゥロガダ》

練習3の答え: ①좀《チョム》 맛이《マシ》 이상하지《イサンハジ》 않습니까《アンスムニッカ》? ②교실에는《キョシレヌン》 들어가지《トゥロガジ》 않았습니다《アナッスムニダ》.

STEP 7

日本語より単純な敬語「～なさいます」

韓国語にも敬語表現がありますが、尊敬語、謙譲語、丁寧語といった区別が日本語ほど複雑でなく、作り方も規則的なので、さほど難しくありません。例外的な単語がいくつかあることにだけ注意すれば、すぐに覚えることができます。

学習ポイントと文法チェック

- 「ㅅ」が尊敬の意味を作る
- 語幹 ＋(으《ウ》) 십니다《シムニダ》 ＝ ～なさる

学習POINT 「ㅅ」の音が尊敬の意味を作る

まずは、敬語を使った文章を見てみましょう。普通の文章とどこが違うか考えてみてください。「忙しいです」は**바쁩니다**ですが、その中に1つ、**시**の音が加わっているのがわかりますか？

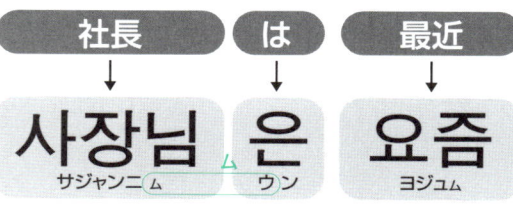

社長	は	最近	お忙しいです。
↓	↓	↓	↓
사장님《サジャンニム》	은《ウン》	요즘《ヨジュム》	바쁘십니다.《パップシムニダ》

うちとけた話し言葉にも敬語体**세요**がありますが、疑問文か「～なさってください」という軽い依頼の意味で多く使います。

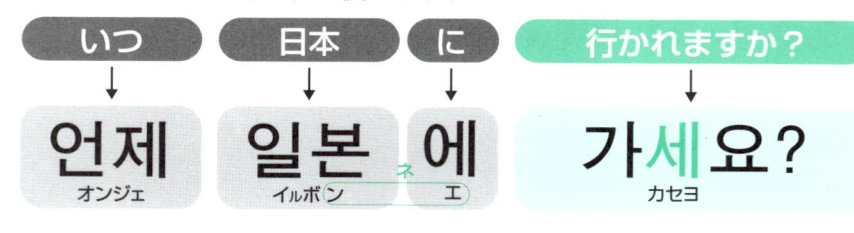

いつ	日本	に	行かれますか？
↓	↓	↓	↓
언제《オンジェ》	일본《イルボン》	에《エ》	가세요?《カセヨ》

名詞文**입니다**も敬語体にすることができます。作り方は「社長は最近お忙しいです」と全く同じです。

こちらの	方	が	中田	先生	でいらっしゃいます。
↓	↓	↓	↓	↓	↓
이《イ》	분《ブン》	이《イ》	나카타《ナカタ》	선생님《ソンセンニム》	이십니다.《イシムニダ》

文法CHECK 語幹 + 십니다《シムニダ》が敬語表現の基本

敬語表現は、動詞·形容詞の語幹のあとに십니다を付けるのが基本です。このとき、語幹の最後が子音（パッチム）の場合は、語幹と시の間に으が入ります。아/어요体の場合は、세요または으세요を付けます。

敬語の作り方一覧

現在形 ㅂ니다《ムニダ》	語幹の最後が母音 → 십니다《シムニダ》	行きます 갑니다《カムニダ》	行かれます → 가십니다《カシムニダ》
現在形 습니다《スムニダ》	語幹の最後がパッチム → 으십니다《ウシムニダ》	読みます 읽습니다《イクスムニダ》	お読みになります → 읽으십니다《イルグシムニダ》
過去形 았《アッ》/었습니다《オッスムニダ》	→(으《ウ》)셨습니다《ショッスムニダ》 ↑語幹がパッチムで終わる場合	撮りました 찍었습니다《ッチゴッスムニダ》	お撮りになりました → 찍으셨습니다《ッチグショッスムニダ》
話し言葉 아《ア》/어요《オヨ》	→(으《ウ》)세요《セヨ》 ↑語幹がパッチムで終わる場合	座ります 앉아요《アンジャヨ》	お座りください → 앉으세요《アンジュセヨ》

「食べる」「飲む」「寝る」など、一部の単語には敬語用として別の単語があるので、それらは個別に覚えるようにしましょう。

召し上がる	お休みになる	（ある場所に）いらっしゃる
드시다《トゥシダ》	주무시다《チュムシダ》	계시다《ケーシダ》

語幹の最後がㄹパッチムの場合は注意が必要です。このとき、십니다体も세요体も、最後のㄹパッチムが消える現象が起こります。

生きる／住む
살다《サルダ》 → 사십니다《サシムニダ》

（電話を）かける
걸다《コルダ》 → 거세요《コセヨ》

ちょこっと練習 空欄を埋めて、文章を完成させましょう。

① お乗りになります。 탑니다 → 타＿＿＿.

② お受け取りください。 받아요 → 받＿＿＿.

答え：
①타십니다.《タシムニダ》
②받으세요.《パドゥセヨ》

書いてみよう

単純なルールなだけに、つい難しく考えてしまいがちです。丁寧さを表す**시**や**세**がどこに付くのか、1つずつ確かめながら練習しましょう。

練習1 CDを聞きながら、単語を1つずつ書き取ってみましょう。

CD 2 73

①

社長	は	最近	お忙しいです。
사장님《サジャンニム》	은《ウン》	요즘《ヨジュム》	바쁘십니다.《パップシムニダ》
사장님	은	요즘	바쁘십니다.

②

こちらの	方	が	中田	先生	でいらっしゃいます。
이《イ》	분《ブン》	이《イ》	나카타《ナカタ》	선생님《ソンセンニム》	이십니다.《イシムニダ》
이	분	이	나카타	선생님	이십니다.

練習2 CDを聞きながら、分かち書き（→p.21）にも注意して、文章として書き取ってみましょう。

CD 2 74

① お待ちください。

기다리세요.《キダリセヨ》

기다리세요.

② 韓定食を召し上がりました。

한정식을《ハンジョンシグル》 드셨습니다.《トゥショッスムニダ》

한정식을 드셨습니다.

③ 朝まで仕事をされました。

아침까지《アッチムッカジ》 일을《イルル》 하셨습니다.《ハショッスムニダ》

아침까지 일을 하셨습니다.

練習 **3** 次の文章を敬語体にして、文章全体を書き直しましょう。
答えの音声はCDで確認してください。 CD 75

例 사장님이《サジャンニミ》 서울에서《ソウレソ》 왔습니다《ワッスムニダ》.(社長がソウルから来ました。)
→社長がソウルから**いらっしゃいました**。

사장님《サジャンニミ》 이 서울《ソウレソ》 에서 오셨습니다《オショッスムニダ》.

① 제《チェ》 한국어《ハングゴ》 선생님이에요《ソンセンニミエヨ》.(私の韓国語の先生です。)
→私の韓国語の**先生でいらっしゃいます**。

제 한국어 ＿＿＿＿＿＿＿＿.

② 어제는《オジェヌン》 잘《チャル》 잤습니까《チャッスムニッカ》?(昨日はよく休みましたか?)
→昨日はよく**お休みになりましたか**?

어제 는 잘 ＿＿＿＿＿＿＿＿?

韓国語 マメ知識

「社長様はいらっしゃいません」

日本語と韓国語で大きく異なる習慣の1つが、敬語の使い方。韓国語には、外部の者に身内の者を語るとき、へりくだる習慣がありません。たとえば日本語では、会社の取引先から社長あてに電話があった場合「(社長の)佐々木は外出しております」とへりくだって話すのがエチケットです。ところが、韓国語では、自社の社長であろうと、身分が高ければ「社長様はただいまいらっしゃいません」と尊敬語を使います。日本人には違和感がありますが、複雑な人間関係を考慮する必要がないので、外国語としては修得しやすいでしょう。

単語CHECK! CD 76

- □ 社長(様) 사장님《サジャンニム》
- □ 方(人) 분《プン》
- □ 撮る 찍다《ッチㇰタ》
- □ 召し上がる 드시다《トゥシダ》
- □ お休みになる 주무시다《チュムシダ》
- □ いらっしゃる 계시다《ケーシダ》

練習3の答え: ①제《チェ》 한국어《ハングゴ》 선생님이세요《ソンセンニミセヨ》. ②어제는《オジェヌン》 잘《チャル》 주무셨습니까《チュムショッスムニッカ》?

STEP 8

2種類の数字をマスター

日本語の数字に「いち、に、さん…」「ひとつ、ふたつ、みっつ…」と2種類の言い方があるように、韓国語にも2種類の数字が存在します。日本語とは使い分けが違う場合があるので、しっかりマスターしましょう。

文法チェック

- **「いち、に、さん」は漢数字**
- **「ひとつ、ふたつ、みっつ」は固有数字**

文法CHECK 1 「いち、に、さん」に当たる漢数字

まずは、日本語の「いち、に、さん…」に当たる漢数字から勉強しましょう。「○月○日」といった日付の数字には、必ず漢数字を使います。

五	月	二	十	五	日
↓	↓	↓	↓	↓	↓
오《オー》	월《ウォル》	이《イー》	십《シプ》	오《オ》	일《イル》

(십오 → ボ)

このように、「五」「二」「十」それぞれに、ハングル一文字が対応しているのがわかります。この漢数字は、零から一、十、百、千、万、億と、日本語と同じように数えます。まずは一から十までを覚えましょう。

漢数字

一	二	三	四	五	六	七	八	九	十
일《イル》	이《イー》	삼《サム》	사《サー》	오《オー》	육《ユク》	칠《チル》	팔《パル》	구《ク》	십《シプ》

一から十までわかれば、これらの組み合わせで99までは数えられます。なお、「6月」は**유월**(ユウォル)、「10月」は**시월**(シウォル)と書きます。

ちょこっと練習

次の数字をハングルの漢数字で書きましょう。

① 13
十 三
↓ ↓
[ ][ ]

② 56
五 十 六
↓ ↓ ↓
[ ][ ][ ]

③ 91
九 十 一
↓ ↓ ↓
[ ][ ][ ]

答え:
①십삼《シッサム》 ②오십육《オーシムニュク》
③구십일《クシビル》

文法 CHECK 2

「ひとつ、ふたつ、みっつ」は固有数字

※時刻の「分」には漢数字を使います。

ものを数えるときや、時刻の「時」※、年齢などは、日本語の「ひとつ、ふたつ、みっつ…」に当たる固有数字を使います。固有数字は1から99までありますが、ここではとりあえず1から10までを覚えましょう。

3 → 세《セ》　時 → 시《シ》
「時」は固有数字→

十 五 → 십《シㇷ》 오《オ》（ボ）　分 → 분《ブン》
「分」は漢数字→

12時 열두《ヨルトゥ》 시《シ》
1時 한《ハン》 시《シ》
2時 두《トゥ》 시《シ》
3時 세《セ》 시《シ》
4時 네《ネ》 시《シ》
5時 다섯《タソッ》 시《シ》
6時 여섯《ヨソッ》 시《シ》
7時 일곱《イルゴㇷ》 시《シ》
8時 여덟《ヨドル》 시《シ》
9時 아홉《アホㇷ》 시《シ》
10時 열《ヨル》 시《シ》
11時 열한《ヨラン》 시《シ》

固有数字

1	2	3	4	5	6	7	8	9	10
하나《ハナ》	둘《トゥル》	셋《セッ》	넷《ネッ》	다섯《タソッ》	여섯《ヨソッ》	일곱《イルゴㇷ》	여덟《ヨドル》	아홉《アホㇷ》	열《ヨル》

「ひとつ」は**하나**ですが、上の時計では「1」時が「**한**」**시**になっています。「1」「2」「3」「4」「20」（→p.108）は、後ろに単位（時、個、歳など）が付くと、形が少し変わります。

ひとつ 하나 → 1個 한 개《ハンゲ》
みっつ 셋 → 3時 세 시《セシ》
20 스물 → 20歳 스무 살《スムサル》
ふたつ 둘 → 2回 두 번《トゥボン》
よっつ 넷 → 4杯 네 잔《ネージャン》

ちょこっと練習

次の数字をハングルの固有数字で書きましょう。

① 1 4 → □□
② 3 個 → □ 개
③ 1 杯 → □ 잔

答え：
①열넷《ヨルレッ》 ②세 개《セゲ》
③한 잔《ハンジャン》

書いてみよう

数字が2種類もありますが、「9」＝「ク」など、日本語とそっくりな発音の数字も多いので、書き取って声に出すことを繰り返せば覚えることができます。

練習 1 CDを聞きながら、漢数字と固有数字を書き取ってみましょう。

漢数字 CD 77

1	일《イル》	11	십일《シビル》
2	이《イー》	12	십이《シビ》
3	삼《サム》	13	십삼《シㇷ゚サム》
4	사《サー》	14	십사《シㇷ゚サー》
5	오《オー》	15	십오《シボ》
6	육《ユㇰ》	16	십육《シムニュㇰ》
7	칠《チル》	17	십칠《シㇷ゚チル》
8	팔《パル》	18	십팔《シㇷ゚パル》
9	구《ク》	19	십구《シㇷ゚ク》
10	십《シㇷ゚》	20	이십《イーシㇷ゚》

固有数字 CD 78

1	하나《ハナ》	11	열하나《ヨラナ》
2	둘《トゥル》	12	열둘《ヨルトゥル》
3	셋《セッ》	13	열셋《ヨルセッ》
4	넷《ネッ》	14	열넷《ヨルレッ》
5	다섯《タソッ》	15	열다섯《ヨルタソッ》
6	여섯《ヨソッ》	16	열여섯《ヨルヨソッ》
7	일곱《イルゴㇷ゚》	17	열일곱《ヨリルゴㇷ゚》
8	여덟《ヨドル》	18	열여덟《ヨルヨドル》
9	아홉《アホㇷ゚》	19	열아홉《ヨラホㇷ゚》
10	열《ヨル》	20	스물《スムル》

CD 79

漢数字

30	90
삼십《サㇺシㇷ゚》	구십《クシㇷ゚》
40	100
사십《サーシㇷ゚》	백《ペㇰ》
50	千
오십《オーシㇷ゚》	천《チョン》
60	1万
육십《ユㇰシㇷ゚》	만《マン》
70	1億
칠십《チㇽシㇷ゚》	일억《イロㇰ》
80	0
팔십《パㇽシㇷ゚》	영《ヨン》

CD 80

固有数字

30	90
서른《ソルン》	아흔《アフン》
40	
마흔《マフン》	
50	
쉰《シュィン》	
60	
예순《イェスン》	
70	
일흔《イルン》	
80	0
여든《ヨドゥン》	(공)《コン※》

※공は「空」を意味する言葉で、厳密には固有数字ではありません。

練習 2 次の数字を、漢数字で書き取ってみましょう。

CD 81

① 372

三	百	七	十	二
↓	↓	↓	↓	↓

② 1,096

千	九	十	六
↓	↓	↓	↓

③ 54,281

五	万	四	千	二	百	八	十	一
↓	↓	↓	↓	↓	↓	↓	↓	↓

練習2の答え: ①삼백칠십이《サㇺベㇰチㇽシビ》 ②천구십육《チョンクーシㇺニュク》 ③오만사천이백팔십일《オーマンサーチョンイーペㇰパㇽシビㇽ》

練習 3 カレンダーを見て、以下の質問の答えにあてはまるハングルの漢数字を記入しましょう。答えの音声はCDで確認してください。 CD 82

8月

日	月	火	水	木	金	土
		1	2	3	4	5 引越し
6	7	8	9	10	11	12
13	14	15	16 今日	17	18	19
20	21	22	23	24	25	26
27	28	29	30	31		

9月

日	月	火	水	木	金	土
					1 誕生日	2
3	4 会議	5	6	7	8	9
10	11	12	13	14	15	16
17 ソウルへ	18	19	20	21	22	23 帰国
24	25	26	27	28	29	30

①오늘은《オヌルン》 몇 월《ミョ ドゥォル》 몇《ミョッ》 일입니까《チリムニッカ》?
（今日は何月何日ですか?）
→○月○日です。
　　월　　　일입니다.

②생일은《センイルン》 언제입니까《オンジェイムニッカ》?
（誕生日はいつですか?）
→○月○日です。
　　월　　일입니다.

③회의는《フェイヌン》 언제《オンジェ》 합니까《ハムニッカ》?
（会議はいつしますか?）
→○月○日にします。
　　월　　일에 합니다.

④언제《オンジェ》 이사했습니까《イサヘッスムニッカ》?
（いつ引越しましたか?）
→○月○日にしました。
　　월　　일에 했습니다.

⑤언제《オンジェ》 서울에《ソウレ》 갑니까《カムニッカ》?
（いつソウルへ行きますか?）
→○月○日に行きます。
　　월　　　일에 갑니다.

⑥언제《オンジェ》 귀국합니까《クィグッハムニッカ》?
（いつ帰国しますか?）
→○月○日に帰国します。
　　월　　　　일에 귀국합니다.

練習3の答え: ①팔《パル》 월《ウォル》 십육 일입니다《シムニュギリムニダ》.（8月16日です。） ②구《ク》 월《ウォル》 일 일입니다《イリリムニダ》.（9月1日です。） ③구《ク》 월《ウォル》 사《サー》 일에《イレ》 합니다《ハムニダ》.（9月4日にします。）
④팔《パル》 월《ウォル》 오《オー》 일에《イレ》 했습니다《ヘッスムニダ》.（8月5日にしました。） ⑤구《ク》 월《ウォル》 십칠 일에《シッチリレ》 갑니다《カムニダ》.（9月17日に行きます。） ⑥구《ク》 월《ウォル》 이십삼 일에《イーシッサミレ》 귀국합니다《クィグッハムニダ》.（9月23日に帰国します。）

練習4

時計のイラストを見て、何時何分かを記入しましょう。「時」は固有数字、「分」は漢数字です。答えの音声はCDで確認してください。 CD 83

①

시(時)
분(分)

②

시(時)
분(分)

③

시(時)
분(分)

④

시(時)
분(分)

練習5

イラストを見て、単位に注意して数を記入しましょう。答えの音声はCDで確認してください。 CD 84

①

개(個)

②

잔(杯)

③

자루(本)

④

권(冊)

単語CHECK! CD 85

□月 월《ウォル》	□分 분《プン》	□杯 잔《チャン》	□引越 이사《イサ》
□日 일《イル》	□個 개《ケ》	□本 자루《チャル》	□帰国 귀국《クィグゥ》
□時 시《シ》	□回 번《ボン》	□何 몇《ミョッ》	□冊 권《クォン》

練習4の答え: ①아홉《アホッ》 시《シ》 이십《イーシッ》 분《プン》 (9時20分) ②일곱《イルゴッ》 시《シ》 오십《オーシッ》 분《プン》 (7時50分) ③두《トゥ》 시《シ》 이십오《イーシボー》 분《プン》 (2時25分) ④세《セ》 시《シ》 삼십오《サムシボ》 분《プン》 (3時35分)

練習5の答え: ①세《セ》 개《ゲ》 (3個) ②두《トゥ》 잔《ジャン》 (2杯) ③다섯《タソッ》 자루《チャル》 (5本) ④한《ハン》 권《グォン》 (1冊)

単語マスター 6

時・方角の単語

「午前」「午後」や「東西南北」など、時や方角、位置を表す名詞を覚えましょう。漢字語が多く、日本語に似た発音の単語もあります。

書いてみよう

時、方角、位置を表す単語を書いてみましょう。

練習 1 CDを聞きながら、時、方角、位置を表す単語を1つずつ書き取ってみましょう。

CD

①朝
아침《アッチム》
아 침

②正午
정오《チョンオ》
정 오

③昼
낮《ナッ》
낮

④夕方
저녁《チョニョク》
저 녁

⑤夜
밤《パム》
밤

⑥未明
새벽《セビョク》
새 벽

⑦午前
오전《オジョン》
오 전

⑧午後
오후《オフ》
오 후

⑨北側
북쪽《プクチョク》
북 쪽

⑬上
위《ウィ》
위

⑩西側
서쪽《ソッチョク》
서 쪽

⑪東側
동쪽《トンチョク》
동 쪽

⑭左
왼쪽《ウェンチョク》
왼 쪽

⑮中
안《アン》
안

⑯右
오른쪽《オルンチョク》
오 른 쪽

⑫南側
남쪽《ナムチョク》
남 쪽

⑰下（底）
밑《ミッ》
밑

⑱下（方向）
아래《アレ》
아 래

⑲おととい	⑳昨日	㉑今日	㉒明日	㉓明後日
그저께《クジョッケ》	어제《オジェ》	오늘《オヌル》	내일《ネイル》	모레《モレ》
그 저 께	어 제	오 늘	내 일	모 레

練習 2 CDを聞きながら、簡単なフレーズと文章を書き取ってみましょう。 CD 87

①

午前	7	時
오전《オジョン》	일곱《イルゴプ》	시《シ》
오전	일곱	시

②

午後	10	時	15	分
오후《オフ》	열《ヨル》	시《シ》	십오《シボ》	분《プン》
오후	열	시	십오	분

③

朝	から	夜	まで
아침《アッチム》	부터《ブト》	밤《パム》	까지《ッカジ》
아침	부터	밤	까지

④

上	に	あります。
위《ウィ》	에《エ》	있습니다.《イッスムニダ》
위	에	있습니다.

⑤

中	を	見ました。
안《アン》	ヌ 을《ウル》	봤습니다.《パッスムニダ》
안	을	봤습니다.

⑥

北	に	行きますか?
북쪽《プクチョク》	ゲ 에《エ》	갑니까?《カムニッカ》
북쪽	에	갑니까?

単語マスター 7

暦・季節の単語

曜日や季節など、代表的な祝日の単語を覚えましょう。

書いてみよう

曜日の単語はすべて漢字語で、季節の単語は固有語です。独特な発音もありますが、繰り返し声に出して書き取ることで、少しずつ覚えましょう。

練習 1 CDを聞きながら、曜日の単語を1つずつ書き取ってみましょう。 CD 88

①月曜日

월요일《ウォリョイル》 월 요 일

②火曜日

화요일《ファヨイル》 화 요 일

③水曜日

수요일《スヨイル》 수 요 일

④木曜日

목요일《モギョイル》 목 요 일

⑤金曜日

금요일《クミョイル》 금 요 일

⑥土曜日

토요일《トヨイル》 토 요 일

⑦日曜日

일요일《イリョイル》 일 요 일

練習 2 CDを聞きながら、季節や祝日の単語を書き取ってみましょう。 CD 89

①春

봄《ポム》	봄			

②夏

여름《ヨルム》	여	름		

③秋

가을《カウル》	가	을		

④冬

겨울《キョウル》	겨	울		

⑤旧正月

설날《ソルラル》	설	날		

⑥旧盆（秋夕）

추석《チュソク》	추	석		

⑦三一節（1919年3月1日に発生した三一独立運動の記念日）

삼일절《サミルチョル》	삼	일	절					

⑧子供の日

어린이날《オリニナル》	어	린	이	날				

⑨光復節（1945年8月15日、日本の敗戦によって日本の支配を脱した記念日）

광복절《クァンボクチョル》	광	복	절					

韓国語マメ知識

減りつつある韓国の祝日

日本には1年に15の祝日がありますが、韓国の祝日は全部で11。振り替え休日もないので、日本に比べると祝日は少ない印象があります。ところが近年、週休二日制導入の影響もあり、祝日がさらに減らされる傾向にあります。これまで、植木の日（4月5日）、軍人の日（10月1日）、ハングルの日（10月9日）といった祝日がなくなりました。2008年には憲法記念日（7月17日）も祝日ではなくなります。日本では考えられない話ですね。

STEP 9

動詞・形容詞の名詞修飾「～する人」

「食べる人」「新しい商品」というように、動詞や形容詞で名詞を修飾する方法です。本来は過去、現在、未来、動詞、形容詞などで細かくルールが分かれていますが、ここではもっとも基本的でよく使う構文だけを勉強します。

学習ポイントと文法チェック

- 는《ヌン》やㄴ《ン》で名詞をつなぐ
- 動詞と形容詞の違いに注意

学習POINT 動詞・形容詞と名詞をつなぐ「는《ヌン》」と「ㄴ《ン》」

動詞の「行く」**가다**という単語が、名詞の「人」にくっついて「行く人」になると、韓国語ではどういう形になるのか、見てみましょう。

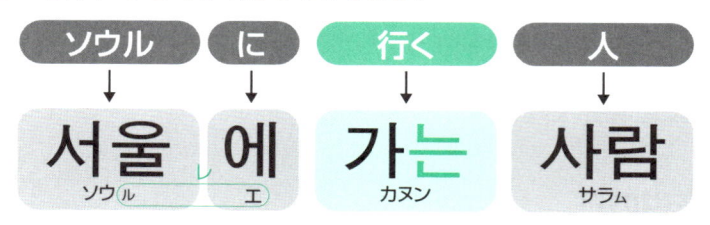

ソウル	に	行く	人
서울《ソウル》	에《エ》	가는《カヌン》	사람《サラム》

「会う」**만나다**を使えば、「会う人」は**만나는 사람**となります。それでは、「(以前)会った人」という場合はどうなるでしょうか?

ジョンウンさん	に	会った	人
정은 씨《ジョンウンシ》	를《ルル》	만난《マンナン》	사람《サラム》

韓国語では「～を会う」と言います(→p.43)

もう1つ、形容詞もあります。次の文章を見て、形容詞「古い」**오래되다**と名詞「商品」**상품**がどうつながっているかに注目してください。

古い	商品	も	あります。
오래된《オレドゥェン》	상품《サンプム》	도《ド》	있습니다.《イッスムニダ》

文法CHECK 動詞と形容詞の違いに注意しよう

「食べる人」のように、現在形の動詞が名詞を修飾する場合は、原形から다を取った語幹に는を付け、その次に名詞を置きます。「食べた人」のように、動詞が過去形の場合は、는の代わりにㄴまたは은を使います。

「きれいな人」のように、現在形の形容詞の場合は、動詞の過去形の場合と同じ活用をします。

※살다（住む）のようなㄹ語幹（→p.79）の場合は、ㄹが消える習性があります。

		語幹				名詞	
動詞	現在	먹《モㇰ》	+	는《ヌン》	+	사람《サラㇺ》	食べる人 먹는《モンヌン》 사람《サラㇺ》
動詞	過去	만나《マンナ》（語幹の最後が母音）	+	ㄴ《ン》	+	곳《ゴッ》	会った所 만난《マンナン》 곳《ゴッ》
動詞	過去	입《イㇷ》（語幹の最後がパッチム）	+	은《ウン》	+	옷《オッ》	着た服 입은《イブ》 옷《ノッ》
形容詞	現在	예쁘《イェップ》（語幹の最後が母音）	+	ㄴ《ン》	+	아가씨《アガッシ》	きれいなお嬢さん 예쁜《イェップン》 아가씨《アガッシ》
形容詞	現在	넓《ノルㇷ》（語幹の最後がパッチム）	+	은《ウン》	+	방《パン》	広い部屋 넓은《ノルブン》 방《パン》
있다/없다	現在	맛있《マシッ》	+	는《ヌン》	+	요리《ヨリ》	おいしい料理 맛있는《マシンヌン》 요리《ヨリ》

ちょこっと練習

各動詞・形容詞を適切な形にして、空欄に書きましょう。

①오다

来る		人
		사람

②공부하다

勉強した			科目
			과목

③예쁘다

きれいな		菓子
		과자

④맛없다

おいしくない			ご飯
			밥

答え：
①오는《オヌン》 사람《サラㇺ》
②공부한《コンブハン》 과목《クァモㇰ》
③예쁜《イェップン》 과자《クァジャ》
④맛없는《マドンヌン》 밥《パㇷ》

書いてみよう

名詞を修飾しているのが動詞か形容詞かで、修飾のしかたが違ってきます。少し紛らわしいので、p.117の表でしっかり確認してください。

練習1 CDを聞きながら、単語を1つずつ書き取ってみましょう。

CD 90

①

ソウル	に	行く	人
서울《ソウル》	에《エ》	가는《カヌン》	사람《サラム》
서울	에	가는	사람

②

私	が	作った	料理
제《チェ》	가《ガ》	만든《マンドゥン》	요리《ヨリ》
제	가	만든	요리

③

昨日	会った	人
어제《オジェ》	만난《マンナン》	사람《サラム》
어제	만난	사람

④

古い	商品	も	あります。
오래된《オレドゥェン》	상품《サンプム》	도《ド》	있습니다.《イッスムニダ》
오래된	상품	도	있습니다.

練習2 CDを聞きながら、分かち書き（→p.21）にも注意して、文章として書き取ってみましょう。

CD 91

① 最近はホテルに住む人もいます。

요즘은《ヨジュムン》 호텔에《ホテレ》 사는《サヌン》 사람도《サラムド》 있습니다《イッスムニダ》.

요즘은 호텔에 사는 사람도 있습니다.

② これは大学の卒業式の時 着た服です。

이것은《イゴスン》 대학교《テハッキョ》 졸업식《チョロプシク》 때《ッテ》 입은 옷입니다《イブノシムニダ》.

이것은 대학교 졸업식 때 입은 옷입니다.

練習 3

以下の文章は、韓国のある有名人を紹介したものです。
ヒントをもとに空欄を埋め、文章を書いてください。
答えの音声はCDで確認してください。

CD 92

㊄ ヒント: 出演する＝출연하다（動詞）　俳優＝배우

冬のソナタ　に　出演した　俳優　です。

겨울연가 에《キョウルヨンガエ》 출연한《チュリョナン》 배우《ペウ》 입니다《イムニダ》.

① ヒント: メガネ＝안경　かける（かけている）＝쓰다（動詞）

メガネ　を　かけている　人　です。

＿＿ 을 ＿＿ ＿＿ 입니다.

② ヒント: 目＝눈　きれいだ＝예쁘다（形容詞）

目　が　きれいな　男性　です。

＿＿ ＿＿ ＿＿ 남자 입니다.

③ この人は誰でしょう？　日本語で書きましょう。

単語CHECK!

CD 93

□ 古い	오래되다《オレトゥェダ》	□ お嬢さん	아가씨《アガッシ》	□ 卒業式	졸업식《チョロㇷ゚シㇰ》	□ メガネ	안경《アンギョン》
□ 商品	상품《サンプㇺ》	□ 料理	요리《ヨリ》	□ 卒業する	졸업하다《チョロッパダ》	□（メガネを）かける	쓰다《ッスダ》
□ 所	곳《コッ》	□ 科目	과목《クァモㇰ》	□ 〜の時	때《ッテ》	□ 目	눈《ヌン》
□ 着る	입다《イㇷ゚タ》	□ 菓子	과자《クァジャ》	□ 出演する	출연하다《チュリョナダ》		

練習3の答え: ①안경을《アンギョンウㇽ》 쓰는《ッスヌン》 사람입니다《サラミㇺニダ》. ②눈이《ヌニ》 예쁜《イェップン》 남자입니다《ナㇺジャイㇺニダ》. ③ペヨンジュン(배용준)

PART 3 じっくり基礎を固めよう

STEP 9 動詞・形容詞の名詞修飾「〜する人」

CD 90 CD 93

STEP
10

願望の表現「〜したいです」

日本と韓国でちょっと違うのは、自分の意志をはっきりと示すことが美徳とされることです。韓国では「自分はこうしたい!」とはっきり言わないと、「はっきりしない、ちょっと変わった人」と思われるかもしれません。

学習ポイントと文法チェック

- 活用や変化がない
- 〜したいです。＝ 〜고《コ／ゴ》 싶습니다《シッスㇺニダ》.

学習POINT 活用や変化はいっさいなし

「食べる」먹다を「食べたい」という形にしてみましょう。

キムチ	を	食べ	たいです。
↓	↓	↓	↓
김치《キㇺチ》	를《ルㇽ》	먹고《モッコ》	싶습니다.《シッスㇺニダ》

文法CHECK 語幹に고《コ／ゴ》 싶습니다《シッスㇺニダ》を付けるだけ

動詞の原形から다を取った語幹に고 싶습니다を付けるだけで、「〜したい」という意味になります。陽母音·陰母音といった面倒なことをいっさい気にせず作れます。

原形		語幹 ＋ したいです	
見る 보다《ポダ》	→	**보**고《ポゴ》 싶습니다《シッスㇺニダ》	見たいです

※「싶습니다」を「싶어요」に替えるとうちとけた話し言葉になります。

ちょこっと練習

次の動詞を「〜したいです」という文章にしてみましょう。

買う 사다
→ 買いたいです。

사 ＿ ＿＿＿＿.

答え: 사고《サゴ》 싶습니다《シッスㇺニダ》.

書いてみよう

「～を食べたいです」などは、旅先でも便利に使える表現なので、覚えてしまいましょう。 CD 94

①

キムチ	を	食べ	たいです。
김치《キムチ》	를《ルル》	먹고《モッコ》	싶습니다.《シプスムニダ》
김치	를	먹고	싶습니다.

②

食べ	たいです。
먹고《モッコ》	싶어요.《シポヨ》
먹고	싶어요.

③

韓国	に	行き	たいです。
한국《ハング(ク)ゲ》	에《エ》	가고《カゴ》	싶습니다.《シプスムニダ》
한국	에	가고	싶습니다.

④

行き	たいです。
가고《カゴ》	싶어요.《シポヨ》
가고	싶어요.

⑤

かばん	を	買い	たいです。
가방《カバン》	을《ウル》	사고《サゴ》	싶습니다.《シプスムニダ》
가방	을	사고	싶습니다.

⑥

買い	たいです。
사고《サゴ》	싶어요.《シポヨ》
사고	싶어요.

韓国語 マメ知識

気持ちを伝える「会いたいです」

恋人に気持ちを伝えるときによく使う言葉「会いたいです」。韓国語で「会う」は**만나다**ですが、**만나고 싶어요**ではちょっと気持ちは伝わりません。**만나다**という単語には事務的なイメージがあるので、相手は「仕事の話でもあるのかな?」と思ってしまいます。

こんなときは「見る」**보다**を使って、**보고 싶어요**とするのが正解です。「(あなたの顔を)見たい」ことから、「(あなたに)会いたいです」という意味になるのです。

STEP 11

依頼の表現「～ください」

最後に勉強するのは「ください」주세요です。何か物を「ください」という場合と、「来てください」のように動作を依頼する場合の両方に使えます。これは、ショッピングやレストランで便利に使える表現です。

学習ポイントと文法チェック

- ください = 주세요《ジュセヨ》
- 物 → ～를《ルル》/을《ウル》 주세요.《ジュセヨ》
  動作 → ～아《ア》/어《オ》 주세요.《ジュセヨ》

学習POINT 「ください」はすべて주세요《ジュセヨ》

「～をください」という表現は、ショッピングでとてもよく使う構文です。

りんご	を	ください。
↓	↓	↓
사과《サグァ》	를《ルル》	주세요.《ジュセヨ》

※助詞の「を」を省略して、単に**사과 주세요.**（りんごください）でも、きちんとした文章として使えます。

「（物）をください」だけでなく、動詞とくっつけて「～してください」という表現もできます。「見せる」**보이다**を使った例文を見てみましょう。

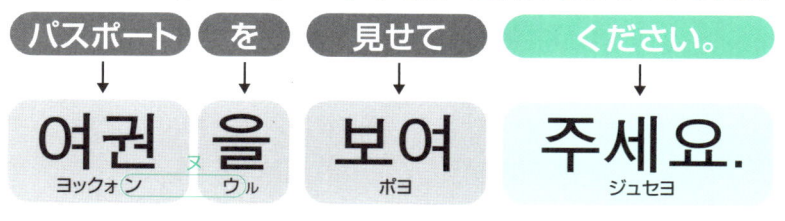

パスポート	を	見せて	ください。
↓	↓	↓	↓
여권《ヨックォン》	을《ウル》	보여《ポヨ》	주세요.《ジュセヨ》

（ン＋ウル→ヌ）

文法CHECK 物は～를《ルル》/을《ウル》 주세요《ジュセヨ》、動作は～아《ア》/어《オ》 주세요《ジュセヨ》

「くれる」に当たる単語は**주다**。これを、話し言葉の敬語（→p.102）で活用させたのが「ください」**주세요**です。動詞の語幹に**아/어**を付け、**주세요**と続ければ、「～してください」という動作を依頼する表現になります。

（物）をください

ペンをください。
펜을《ペヌル》 주세요.《ジュセヨ》

（動作）をしてください

書く　書いてください。
쓰다 → 써《ッソ》 주세요.《ジュセヨ》

書いてみよう

ここに書かれた例文だけでなく、これまでに覚えた単語を使って、他にも文章を作ってみましょう。 CD 95

①

掃除	して	ください。
청소《チョンソ》	해《ヘ》	주세요.《ジュセヨ》
청소	해	주세요.

②

3	個	ください。
세《セ》	개《ゲ》	주세요.《ジュセヨ》
세	개	주세요.

③

りんご	を	ください。
사과《サグァ》	를《ルル》	주세요.《ジュセヨ》
사과	를	주세요.

④

大きい	かばん	ください。
큰《クン》	가방《カバン》	주세요.《ジュセヨ》
큰	가방	주세요.

⑤

パスポート	を	見せて	ください。
여권《ヨックォン》	을《ウル》	보여《ポヨ》	주세요.《ジュセヨ》
여권	을	보여	주세요.

単語CHECK! CD 96

- □ パスポート 여권《ヨックォン》
- □ 見せる 보이다《ポイダ》
- □ ペン 펜《ペン》
- □ 書く 쓰다《ッスダ》
- □ 掃除 청소《チョンソ》
- □ うれしい 기쁘다《キップダ》

韓国語マメ知識

活用変則④：으変則

語幹の最後が「一」の動詞・形容詞は、話し言葉などで後ろに아/어が付くときに「一」が消え、1つ前の母音が陽母音なら아、陰母音なら어が付きます。前に母音がなければ어が付きます。

「うれしい」の場合

기쁘다 → 기 ㅃ + 어요 = 기뻐요

ここが陰母音なので　「一」が消えて어がくっつく

※陽母音／陰母音に関してはp.81を参照してください。

単語マスター 8

からだの単語

書いてみよう

まず、顔に関する単語を、次に、身体の部位に関する単語を練習しましょう。

顔に関する単語

CD 97

①目

눈《ヌン》 눈

②鼻

코《コ》 코

③口

입《イプ》 입

④耳

귀《クィ》 귀

⑤首

목《モク》 목

⑥頭

머리《モリ》 머 리

身体の部位に関する単語

CD 98

①肩

어깨《オッケ》	어	깨		

②胸

가슴《カスム》	가	슴		

③お腹

배《ペ》	배			

④背中

등《トゥン》	등			

⑤腰

허리《ホリ》	허	리		

⑥お尻

엉덩이《オンドンイ》	엉	덩	이

⑦腕

팔《パル》	팔			

⑧手

손《ソン》	손			

⑨手の指

손가락《ソンカラㇰ》	손	가	락

⑩脚

다리《タリ》	다	리		

⑪足

발《パル》	발			

⑫ひざ

무릎《ムルㇷ》	무	릎		

韓国語 マメ知識

日韓で微妙に違う言い回し

韓国語と日本語には、よく似ているのに微妙に異なる言い回しや、同じ言葉なのに意味が異なる熟語があります。

例えば、「行ったり来たりする」という場合、韓国では「来たり行ったりする（왔다갔다하다）」と言います。また「あちこち」は、韓国語では「こちあち（여기저기）」です。同じ言葉で意味が異なるものは、例えば「八方美人（팔방미인）」。日本語では「誰にでも都合良く振る舞う人」という否定的な熟語ですが、韓国語では「多方面に通じている人」という褒め言葉として使われます。

総まとめ

おさらい練習

このドリルも、いよいよ最後になりました。
ここまで勉強してきた韓国語の基礎文法をおさらいしましょう。

練習1 次の文章を書き取りましょう。

① 会社 に 行きます。
회사《フェサ》 에《エ》 갑니다《カムニダ》.

② 私 は 学生 でした。
저《チョ》 는《ヌン》 학생《ハッセン》 이었습니다《イオッスムニダ》.

③ 卒業 した 学校 です。
졸업《チョロプ》 한《ハン》 학교《ハッキョ》 입니다《イムニダ》.

④ ソウル駅 まで 行って ください。
서울역《ソウリョク》 까지《ッカジ》 가《カ》 주세요《ジュセヨ》.

練習2 次の単語を、韓国語で書いてみましょう。

① 1971年

② 6月21日

③ 8時43分

④ 27歳

練習2の答え: ①천구백칠십일《チョンクベッチルシビル》 년《リョン》 ②유《ユ》 월《ウォル》 이십일《イーシビリル》 일 ③여덟《ヨドル》 시《シ》 사십삼《サーシッサム》 분《プン》 ④스물일곱《スムリルゴプ》 살《サル》

練習3 次の文章を、韓国語で書いてみましょう。

① きれいなコップを見ました。 ヒント→ きれい＝예쁘다 コップ＝컵

② 韓国では韓定食を食べたいです。 ヒント→ 韓定食＝한정식 食べる＝먹다

③ 学校では勉強しませんでした。 ヒント→ 勉強する＝공부하다

④ 日曜日も仕事をなさいますか？ ヒント→ 仕事する＝일하다

⑤ いつ日本に来ましたか？ ヒント→ 来る＝오다

忘れていたら、ここを再確認！

～ました 았습니다/었습니다 ………… p.86
～でした 였습니다/이었습니다 ………… p.90
いつ・誰・何 언제·누구·무엇 ………… p.94
～ません 지 않습니다 ………… p.98
～なさいます 십니다 ………… p.102
数字 ………… p.106
動詞・形容詞と名詞をつなぐ ………… p.116
～したいです 고 싶습니다 ………… p.120
～(して)ください 주세요 ………… p.122

練習3の答え：

①예쁜《イェップン》 컵을《コプㇽ》 봤습니다《パッスㇺニダ》.

②한국에서는《ハングゲソヌン》 한정식을《ハンジョンシグㇽ》 먹고《モッコ》 싶습니다《シㇷ゚スㇺニダ》.

③학교에서는《ハッキョエソヌン》 공부하지《コンブハジ》 않았습니다《アナッスㇺニダ》.

④일요일도《イリョイㇽド》 일하십니까《イㇽハシㇺニッカ》?

⑤언제《オンジェ》 일본에《イㇽボネ》 왔습니까《ワッスㇺニッカ》?

著者紹介

栗原 景（くりはら かげり）

1971年東京生まれ。フォトライター、翻訳家。出版社勤務を経て、2001年よりフリー。同年より韓国の高麗大学語学教育センター、建国大学外国語教育院で韓国語を学ぶ。現在、日本と韓国を往復しながら、韓国、旅、交通を主なテーマに、雑誌や書籍に制作活動を続けている。首都大学東京オープンユニバーシティ講師。

翻訳

『世界・大鉄道の旅』（心交社）

著書

『「あいうえお」から始める書き込み式ハングルBOOK』（成美堂出版）
『別冊宝島1089号 3泊4日のハングル会話』（宝島社）

企画編集	成美堂出版編集部
編集制作	有限会社テクスタイド
編集協力	姜 容学（カン ヨンハク）
本文デザイン・DTP	有限会社テクスタイド 田浦 裕朗（たうら ひろあき）
装丁	菊谷 美緒（きくや みお）
イラスト	関根 庸子（せきね ようこ）
CD録音	財団法人英語教育協議会（ELEC） ●韓国語ナレーター 崔 英伊（チェ ヨンイ） ●日本語ナレーター 矢嶋 美保（やじま みほ）

CD収録時間：66分41秒

日本語から始める 書き込み式韓国語BOOK

著　者　栗原《くりはら》　景《かげり》
発行者　深見悦司
発行所　成美堂出版
〒162-8445　東京都新宿区新小川町1-7
電話（03）5206-8151　FAX（03）5206-8159
印　刷　株式会社 東京印書館

ISBN4-415-03987-1
落丁・乱丁などの不良本はお取り替えします
定価はカバーに表示してあります